GADBOIS ET
NICOLE SIMARD

JEAN DE LA FONTAINE

FABLES CHOISIES

NOTES, PRÉSENTATION ET
APPAREIL PÉDAGOGIQUE PRÉPARÉS
PAR VITAL GADBOIS ET
NICOLE SIMARD,
PROFESSEURS AU CÉGEP DE SAINT-HYACINTHE

TEXTE INTÉGRAL

MODULO

COLLECTION **B**IBLIOTHÈQUE **L**A **L**IGNÉE

Nous reconnaissons l'aide financière du gouvernement du Canada par l'entremise du Programme d'Aide au Développement de l'Industrie de l'Édition (PADIÉ) pour nos activités d'édition.

Catalogage avant publication de Bibliothèque et Archives nationales du Québec et Bibliothèque et Archives Canada

La Fontaine, Jean de, 1621-1695

[Fables. Morceaux choisis]

Fables choisies

(Bibliothèque La lignée)
Pour les étudiants du niveau collégial.

ISBN 978-2-89650-265-3

1. La Fontaine, Jean de, 1621-1695. Fables. 2. La Fontaine, Jean de, 1621-1696 - Critique et interprétation. I. Gadbois, Vital, 1942-   . II. Simard, Nicole, 1957-   . III. Titre. IV. Titre: Fables. Morceaux choisis. V. Collection: Bibliothèque La lignée.

PQ1808.A2 2009   841'.4   C2009-941318-3

Équipe de production

Éditeur : Sylvain Garneau
Chargée de projet : Dominique Lefort
Révision linguistique : Isabelle Canarelli, Dominique Johnson
Correction d'épreuves : Ghislain Morin
Maquette et montage : Guylène Lefort
Couverture : Marguerite Gouin

*Groupe Modulo est membre de
l'Association nationale des éditeurs de livres.*

Fables choisies

© Groupe Modulo, 2010
5800, rue Saint-Denis, bureau 1102
Montréal (Québec) H2S 3L5
CANADA
Téléphone : 514 738-9818 / 1 888 738-9818
Télécopieur : 514 738-5838 / 1 888 273-5247
Site Internet : www.groupemodulo.com

Dépôt légal - Bibliothèque et Archives nationales du Québec, 2009
Bibliothèque et Archives Canada, 2009
ISBN 978-2-89650-265-3

Imprimé au Canada
3 4 5 6   14 13 12 11

Avant-propos

Créée par des professeurs de littérature enthousiastes, *La Lignée* accompagne l'enseignement de la littérature au collégial depuis 1980. Modulo est fière de vous présenter, sous ce nom prestigieux, une collection d'ouvrages littéraires sélectionnés pour leur qualité et leur originalité ; des professeurs d'expérience vous en faciliteront la lecture et la compréhension.

L'introduction situe l'auteur en rapport avec son époque, son œuvre dans ce qu'elle a d'original, sa langue dans ce qui la distingue et son style dans ce qu'il a d'unique. Quelques mots présentent le texte à lire.

La première partie comporte le texte littéraire intégral, accompagné de notes de bas de page qui éclaircissent les difficultés de langue et les allusions historiques ou culturelles.

En deuxième partie, trois passages ou courts textes font l'objet d'une recherche lexicographique suivie de questions vous permettant de découvrir l'œuvre progressivement. Dans le premier cas, les réponses vous sont partiellement fournies ; dans le deuxième, ne se trouvent que des esquisses de réponses ; dans le troisième, ne sont présentées que les questions. Dans chaque cas, le but est de comprendre le texte (première approche), de l'analyser (deuxième approche), de le commenter, en le comparant notamment avec d'autres passages de l'œuvre, ou avec d'autres œuvres du même auteur ou d'auteurs différents (troisième approche).

Des annexes contiennent des informations nécessaires à la lecture de l'œuvre : un tableau synoptique de la vie de l'auteur et de son époque ainsi qu'un glossaire des notions littéraires utilisées dans l'analyse de l'œuvre. Suit enfin une médiagraphie composée d'ouvrages, de films et de sites Internet susceptibles de piquer votre curiosité et de vous inciter à lire d'autres grandes œuvres de la littérature.

Vital Gadbois et Nicole Simard,
directeurs de la collection « Bibliothèque La Lignée »

Table des matières

SYMBOLE

* Les mots définis dans le Glossaire des notions littéraires sont signalés,
au fil des pages, par un astérisque.

Portrait de Jean de La Fontaine, huile sur toile peinte
par Hyacinthe Rigaud, probablement en 1684.
La Fontaine a alors 63 ans.

La Fontaine est sans aucun doute, avec Molière, l'auteur français le plus lu, le plus étudié, le plus traduit. Cette notoriété l'a cependant cantonné dans le domaine scolaire, et la postérité a figé cette œuvre dans le répertoire des « classiques ». Pourquoi proposer un ouvrage sur La Fontaine aux cégépiens ? Notre défi était de faire découvrir un La Fontaine débarrassé, en quelque sorte, de son carcan pédagogique. Ce faisant, nous avons découvert un auteur résolument moderne avec un don inné du récit dont l'ellipse constitue le pivot narratif, un sens de la formule lapidaire, mais, surtout, un narrateur qui n'est pas loin de l'épaule de son lecteur, lui chuchotant les vicissitudes de la nature humaine.

LA VIE DE JEAN DE LA FONTAINE

À l'annexe I, vous trouverez la chronologie de la vie de La Fontaine, mise en parallèle avec la vie culturelle de son époque et les événements politiques importants du règne de Louis XIV. Comment interpréter cette chronologie ? Comment révèle-t-elle les origines, les influences, les thèmes de l'œuvre sans en travestir la lecture ? Car l'écrivain est aussi le produit d'une époque, d'une société particulière qui suggère, à travers un réseau complexe, une vision du rapport de l'homme au monde qu'il habite. Nous isolerons trois moments charnières de la carrière de La Fontaine : son enfance à Château-Thierry, son association avec Foucquet [1] et les dernières années de sa vie passées chez Mme de La Sablière.

Château-Thierry est à un jour de voiture de Paris ; c'est donc la campagne. Jean de La Fontaine est le fils de Françoise Pidoux et de Charles de La Fontaine, conseiller du roi, maître des Eaux et Forêts ainsi que maître des Chasses. Plus tard, il héritera de cette charge (en 1658) et poursuivra le travail de son père.

---

1. Même si, à l'époque de La Fontaine, Foucquet s'écrivait avec un « c », aujourd'hui, la graphie la plus courante est Fouquet sans « c ».

L'enfance et la jeune vie d'adulte de La Fontaine se déroulent à la campagne où il côtoie la nature mais aussi le paysan et le petit propriétaire terrien qui viennent au château pour obtenir tantôt un droit de coupe, tantôt l'autorisation d'irriguer leur terre. La Fontaine y fait donc la connaissance des gens simples et l'apprentissage des réalités quotidiennes.

**Maison natale de La Fontaine à Château-Thierry,
à environ cent kilomètres de Paris.**

Bibliothèque nationale de France / Cliché : H 106852.

La Fontaine rêve aussi, comme beaucoup de jeunes gens à l'époque, de faire carrière, d'avoir un nom, et ce n'est pas à la campagne que s'exercent les influences. Dans ce sens, il est résolument urbain et vivra à Paris la majorité de sa vie d'homme. Mais, pour entreprendre une carrière, au moment où le jeune Louis XIV apprend à être roi, il faut un protecteur. La Fontaine le trouve en la personne de Nicolas Foucquet, surintendant des Finances du monarque. Il obtient même de son nouveau maître une pension qui officialise son statut.

La fonction de surintendant des Finances est capitale dans l'organisation politique du royaume ; grand argentier, Nicolas Foucquet fait un coup d'éclat en construisant le château de Vaux-le-Vicomte et y tient, le 17 août 1661, une réception dont le luxe et le faste éblouissent la cour. L'histoire nous apprend cependant que cette réception lui aura été fatale, car Louis XIV, comprenant sans doute que son ministre devenait plus puissant que lui, le fait arrêter et juger pour trahison ; celui-ci mourra dans des circonstances obscures plusieurs années plus tard. Cet épisode place La Fontaine dans une situation délicate : pour Louis XIV, l'écrivain sera associé à Foucquet, et le monarque nourrira son règne durant une constante méfiance envers le fabuliste. N'eût été de la popularité des *Contes*[1] (de 1665 à 1671) et des *Fables* (de 1668 à 1694), Louis XIV n'aurait sans doute pas autorisé la nomination de La Fontaine à l'Académie française en 1684[2]. L'écrivain restera toute sa vie en marge du pouvoir royal ; il sera pour ainsi dire exclu du cercle des courtisans qu'il pourra, en revanche, observer à loisir.

Cette position de retrait donnera à La Fontaine une liberté audacieuse dans le contexte politique de l'absolutisme royal. Elle

---

1. Cependant, à la fin de sa vie, surtout à cause des académiciens, le fabuliste reniera ses *Contes* ; il se rangera ainsi à l'opinion de ses censeurs.

2. Louis XIV donna son autorisation à l'entrée de La Fontaine à l'Académie plus d'un an après sa nomination par les académiciens. En réalité, il lui préférait Boileau dont il approuva la nomination, pourtant ultérieure à celle du fabuliste, afin de bien marquer son autorité.

lui permettra d'être toujours en marge, sans jamais être absent[1]. La Fontaine exercera quand même son emprise sur un petit groupe de fidèles amis (telle Mme de Sévigné, connue au temps de Foucquet), tout en pratiquant habilement l'art de ne jamais être oublié. C'est chez Mme de La Sablière surtout qu'il exercera cette tenace influence sur le monde des lettres de son temps. C'est aussi à cette époque que naît l'image d'un La Fontaine distrait, préférant la paresse aux mondanités et dont la désinvolture et l'insouciance nourrissent abondamment le mythe de l'écrivain.

LA FONTAINE ET LA FABLE

Pour beaucoup, La Fontaine est le créateur des fables. Le poète réfuterait aujourd'hui cette affirmation, puisqu'il a lui-même déclaré à quel point il était l'héritier d'Ésope et de Phèdre[2]. Mais c'est quand même lui qui a donné à la fable son sens moderne.

Pourquoi La Fontaine a-t-il écrit des fables? Au-delà de l'aspect quelque peu arbitraire de la question, ce choix fut fort commode pour un auteur qui eut maille à partir avec l'autorité royale. En effet, le genre lui permettait de commenter à loisir les traits de la société, particulièrement les travers de la cour. Chacun reconnaît que la morale caractérise la fable. Dans un siècle où la fonction de la littérature est soumise, dans la majorité des cas, au divertissement, il n'est pas étonnant que La Fontaine y ait vu l'occasion d'aborder, en toute impunité, des thèmes sérieux sous le couvert de charmants échanges entre animaux. Mais notre auteur se jouera lui-même de la morale de ses *Fables*. En effet, il est difficile de connaître LA morale des fables. Le parti pris annoncé dans l'une est contredit par une autre, quelques livres plus loin, si bien que l'œuvre se déploie sous

---

1. Le premier livre des *Fables* est dédié à Louis, Grand Dauphin de France (1661-1711). Le fils de Louis XIV et de Marie-Thérèse d'Autriche a sept ans au moment de la première publication des *Fables*.

2. *La vie d'Ésope le Phrygien*, qui ouvre le premier livre des *Fables* en 1668, témoigne du respect de La Fontaine pour l'Antiquité.

mille facettes à la fois. Le dessein didactique que La Fontaine affirme dans les premiers livres s'estompe progressivement. Il se jouera également de la forme proprement dite de la morale, laquelle n'apparaît pas toujours au même endroit. Parfois au début ou à la fin, parfois discrète ou impudente, voire à l'occasion sous-entendue, celle-ci a pour principal mérite de faire surgir le narrateur à tout moment. Quoi que ce dernier raconte, il n'est jamais bien loin ; le changement des niveaux d'énonciation est constant et empreint de subtilité.

Lorsqu'on examine les *Fables*, force est de constater également l'incroyable diversité de l'écriture : emprunt à d'autres formes fixes (l'épigramme et la ballade), mélange constant des dialogues au récit, versification variée, changement de tonalité, etc.

À l'époque, La Fontaine n'est pas le seul à écrire des fables (Antoine Furetière, Bossuet y ont exercé leur plume) ; l'auteur s'associe, dans ce sens, à une forme de littérature, souvent mondaine, qui privilégie la forme brève[1] au genre long, souvent extrêmement encadré de conventions par l'Académie elle-même ; on pense à la règle des trois unités au théâtre, par exemple. Le genre galant favorise la variété de tons et du propos, la formule incisive, souvent caustique, bref, la revanche de l'écriture sur la formule. En fait, la littérature galante renvoie au courant baroque qui préfère le chatoiement à la régularité, le croquis à la description, la concision au déploiement. Les *Fables* appartiennent à ce type d'écriture.

LA LANGUE ET LA VERSIFICATION AU XVIIᵉ SIÈCLE

La langue de La Fontaine est riche et variée. Le poète joue avec plus de 6000 mots, en comparaison de 2000 chez Racine, par exemple. L'expression n'est pas aussi classique qu'on peut le croire : tant dans le vocabulaire que dans la grammaire, elle emprunte à la langue latine et à la mythologie romaine, à la tradition littéraire de la Renaissance ; elle se souvient de ses sources médiévales, puise au vocabulaire des

---

1. On notera au passage *Les Maximes* de La Rochefoucauld (1664), *Les Lettres* de Mᵐᵉ de Sévigné (1726) et, plus tard, *Les Caractères* de Jean de La Bruyère (1688).

techniques et des métiers, cueille dans le fonds populaire de son temps, finalement ne recule pas devant les inventions. C'est donc une langue qui réserve bien des surprises au lecteur. Voici les principales difficultés que vous pourrez éprouver touchant le vocabulaire, la grammaire et la versification.

VOCABULAIRE

Allusions à la mythologie
Achéron, Alecton, Bellérophon, Enfers, Faune, Jupin, Jupiter, Oiseau de Vénus, Parques, roussin d'Arcadie.

Archaïsmes (graphiques et sémantiques)
avenir, badaud, banc, chevance, convoiteux, d'abord, fait, fossoyeur, fourmis, françois, grand'peur, mouflar, oût, patte-pelu, Pince-maille, point (au sens de «petit détail important»), *roideur, soupé, treuver, zéphyre*[1].

Emprunts
notamment à la tradition populaire (La Fontaine reprend certains proverbes comme *donner à quelqu'un son sac et ses quilles, chien hargneux a toujours l'oreille déchirée*), à Molière (*Tartuffe*), à Rabelais (*Gaster, Martin Bâton, Perrin Dandin, Picrochole, Raminagrobis*), à la littérature du Moyen Âge (*La farce de Maître Pathelin*).

Expressions populaires
entrer en propos, faire sa main, ma croix de par Dieu, payer de raison, prendre au gobet, risquer le paquet, vingt et trois carats.

Néologismes
devineuse, émoucheur, passe-Cicéron, rateuse, Tant-Mieux, Tant-Pis.

Termes techniques
empruntés à l'agriculture (*oût*), à la chasse (*brifaut, enfumer le renard, gorgerin, mettre bas, mettre en défaut, tirer de long*), à la vie

---

1. Les archaïsmes graphiques n'ont été conservés, dans la présente édition, que pour des raisons de rime et de métrique* afin d'éviter un hiatus.

militaire (*munir, sergent de bataille*), à la justice, à la fauconnerie, à la vénerie, à la finance (*gage, principal*).

Pour saisir le sens des *Fables*, il importe d'exploiter les ressources d'un bon dictionnaire comme le *Nouveau Petit Robert*. Dès qu'un mot paraît familier au lecteur, tout en ne semblant pas convenir parfaitement au contexte, il y a lieu de s'interroger et de consulter le dictionnaire ; il faut être attentif notamment aux marques d'usage (ANCIENNT, CLASS., LITTÉR., POÉT., VX, VIEILLI). On prendra la peine de s'arrêter à l'étymologie ainsi qu'à l'histoire du mot et à la date d'apparition d'un sens. On n'oubliera pas toutefois que La Fontaine aime exploiter la polysémie, et sans doute se cacher derrière elle.

La langue du XVIIe siècle a peu évolué depuis la création de l'Académie française par Richelieu en 1634. La Fontaine se sert d'une grammaire très semblable à la nôtre, mais elle doit encore beaucoup à son origine latine, et le fabuliste a su également la mettre à sa main, notamment par l'utilisation de l'ellipse*, qui « ramasse » l'expression au point d'en rendre parfois la compréhension ardue de nos jours.

GRAMMAIRE

1. Verbes : emplois, temps et modes
   a) La Fontaine emploie le verbe *faire* pour remplacer un verbe déjà utilisé. Par exemple, *fait*, dans *Comme le Chat fait la Souris*, est mis pour *traite* du vers précédent (*À Monseigneur le duc de Bourgogne*, XII, dédicace de la fable 5, v. 12) ; ou comme générique avec de multiples compléments, remplaçant ainsi des verbes plus précis : *faire son voyage* pour *justifier son voyage* (Appendice, *La Ligue des Rats*, v. 23).
   b) Comme dans le latin, pour exprimer le regret, il emploie l'indicatif au lieu du conditionnel avec le verbe *devoir* : *Vous avez dû* pour *Vous auriez dû* (III, 4, v. 33).

c) Il emploie le subjonctif, au lieu de l'indicatif, pour exprimer un fait imaginaire, incertain ou hypothétique : *à qui je sois* pour *à qui je suis* (VI, 8, v. 13).

d) Il se sert du participe présent ou passé dans une proposition non reliée au reste de la phrase ou reliée d'une façon aujourd'hui disparue : *S'étant pris* ne renvoie à aucun mot de la phrase précédente, mais remplace le mot *enfant* d'une phrase antérieure (I, 19, v. 7) ; *ne l'ayant pas fait* se rattache à *vous* (III, 4, v. 34) ; *prenant son Compère* se rattache à *l'* (X, 4, v. 20-21) ; *pleurés du Vieillard* se rattache à *leur* (XI, 8, v. 35).

e) Il accorde le participe présent : *Portants* [...] *mendiants* (I, 5, v. 24).

f) Il exprime une action en cours à l'aide du verbe *aller* suivi d'un participe présent, un peu comme la forme progressive anglaise *I'm going* : *je me vas désaltérant* pour *je suis en train de me désaltérer* (I, 10, v. 13).

g) Il ne respecte pas toujours la concordance des temps, notamment dans le présent de narration : *Le Compère* [...] *va remettre en sa place / L'argent volé* [...] *sans qu'il y manquât rien* pour *Le Compère* [...] *va remettre en sa place / L'argent volé* [...] *sans qu'il y manque rien* (X, 4, v. 27-29).

h) Il utilise l'infinitif de narration, précédé de *et de*, pour exprimer une action présente qui se déclenche vivement et qui est la conséquence directe d'une action précédente ; cet infinitif vient souvent avec son sujet : *Et Grenouilles de se plaindre* (III, 4, v. 29).

2. **Prépositions : usages variables**

Au temps de La Fontaine, l'usage des prépositions n'est pas fixé comme aujourd'hui, et une préposition est souvent remplacée par une autre : *à* pour *en* (*allant à l'Amérique*, XI, 8, v. 29), *à* pour *dans* (*cent ruses au sac*, IX, 14, v. 15), *à* pour *sur le* (*à bord*, I, 19, v. 18), *de* pour *grâce à* (*inventé, / D'un rare et nouvel artifice*, II, 1, v. 23-24), *en* pour *sur un* (*Tantôt l'un en théâtre affronte l'Achéron*, VI, 19, v. 4), *en* pour *à* (*remettre en sa place*, X, 4, v. 27), *pour* pour *à* (*Lui présente un chaudeau propre pour Lucifer*, III, 7, v. 20).

3. **Pronoms personnels : leur place en lien avec un infinitif**
   On remarque également la place inusitée des pronoms personnels en lien avec l'infinitif : *Le bien n'est bien qu'en tant que l'on s'en peut défaire* (X, 4, v. 13), *Je lui pourrai jouer d'un mauvais tour* (Appendice, *La Ligue des Rats*, v. 14).

4. **Ellipses grammaticales diverses**
   La Fontaine fait grand usage de l'ellipse* grammaticale : c'est le cas notamment avec le style indirect libre (VI, 19, v. 21-22 ; VII, 8, v. 21) qui fait l'économie de verbes d'introduction aux paroles rapportées ; c'est le cas aussi avec les négations sans *ne* (III, 11, v. 8), avec le souhait sans *que* (II, 1, v. 8) et avec l'absence d'article pour désigner certains noms (II, 11, v. 17-18 ; V, 12, v. 6).

5. **L'usage désuet du singulier**
   C'est le cas de *maint* qui, contrairement à aujourd'hui, ne prend pas la marque du pluriel, ainsi que le mot qui lui est associé (IX, 14, v. 5 ; X, 2, v. 10 ; X, 8, v. 12 ; XII, 6, v. 2).

En versification également, La Fontaine n'a pas été classique, si par là on entend un auteur qui suit les conventions littéraires du Grand Siècle. Il a rarement utilisé les formes fixes, sauf dans des pièces de commande ou de circonstance (*À Monseigneur le duc de Bourgogne*, XII, dédicace de la fable 5), et, même ici, il y a un seul vers de six pieds. Adepte de la forme libre, le poète a donc beaucoup pratiqué la diversité formelle : dans la disposition des rimes, dans la longueur des vers et dans la longueur des fables.

VERSIFICATION

1. **La disposition des rimes**
   Certains archaïsmes graphiques n'ont pas été modernisés, afin de respecter l'assonance (*françois* rime avec *sois* dans VI, 8, v. 13) : rimes plates, embrassées ou alternées, au besoin.

2. Le nombre de vers de même rime
Souvent deux, parfois trois (en séquence ou non : VIII, 10, v. 29-31 et 52, 53, 55), plus rarement quatre (III, 16, v. 30 à 34).

3. La longueur des vers
L'alexandrin (douze pieds, pour la parodie épique, les morales bien senties, les propos royaux ou graves, etc.), le décasyllabe (le vers des *Chansons de geste*, comme dans *L'Enfant et le Maître d'école*, I, 19), l'octosyllabe (le plus fréquent avec l'alexandrin), l'hexasyllabe (souvent jumelé à l'alexandrin), et les petits vers de deux, de trois ou de quatre syllabes qui servent à mettre en lumière un mot, une situation, à créer un effet. À signaler, l'utilisation de licences poétiques comme *encor* ou *encore*, *avec* ou *avecque*, *Zéphyr* ou *Zéphyre* qui valent, en métrique, une syllabe de plus ou de moins dans le vers.

4. La longueur des fables
Du camée (III, 11, 8 vers) à des fables beaucoup plus longues (VII, 1, 64 vers), à la fable double (VII, 4, 77 vers).

LA PRÉSENTATION DES *FABLES*

Vous l'aurez sans doute remarqué, toutes les *Fables* de La Fontaine ne sont pas reproduites ici ; nous proposons plutôt un choix de cinquante fables, tirées des douze livres publiés à l'époque, et même parmi des fables non classées par La Fontaine : certaines connues, d'autres méconnues, d'autres enfin peu connues. C'est le fabuliste lui-même qui a inspiré notre choix : la variété formelle et thématique, au service du désir de plaire et de faire réfléchir. Vous verrez défiler des animaux, des hommes, des idées, des dieux, qui seront aux prises avec des problèmes d'argent, d'ambition, d'apparence, de ruse et de vie conjugale ou sociale, mais qui feront aussi parfois preuve d'amitié, de naïveté, de rêve, de liberté et de solidarité.

Le texte a été établi en adoptant, comme édition de référence, celle de Jean-Pierre Collinet, parue chez Gallimard, dans la collection Folio, en 1991 ; nous ne nous en sommes écartés que pour des raisons pédagogiques. Nous avons choisi cette édition parce qu'elle est la plus récente et qu'elle constitue un choix judicieux.

Les variantes entre les diverses et nombreuses éditions des *Fables* de La Fontaine tiennent pour beaucoup à l'usage incertain des majuscules et de la ponctuation au XVIIe siècle. À cet égard, nous avons retenu le principe suivant : faire commencer par une majuscule tous les noms de personnages (humains, animaux, éléments de la nature, concepts, etc.) et parfois leurs synonymes. Lorsque les personnages sont désignés par des qualités, nous avons préféré la minuscule, plus conforme à l'usage scolaire largement répandu, contrairement à l'édition de référence. La majuscule permet au fabuliste de personnifier les

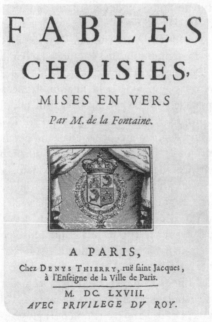

Frontispice de la première édition des *Fables* (1668).

Bibliothèque nationale de France / Cliché : Ye 3292-3293.

réalités désignées, parfois même de s'en moquer. La ponctuation est celle de Collinet, sauf dans certains cas où a été adopté un usage plus scolaire, facilitant la lecture d'un public de cégépiens, en particulier en ce qui a trait à la virgule, au point-virgule et au deux-points.

Des notes infrapaginales accompagnent le texte : il est vivement conseillé de les lire toutes avec attention. Ces notes peuvent vous aider à mieux saisir le sens de la fable, mais, méfiez-vous, les mots de La Fontaine nous tendent des pièges. Vous y trouverez tout terme ne figurant pas au *Nouveau Petit Robert*, tout terme pris dans un sens non répertorié dans ce dictionnaire, tout terme pris dans un sens difficile à retrouver dans ce même dictionnaire à cause de la longueur et de la complexité de la définition. Dans les notes, nous avons souvent privilégié des définitions d'époque, puisées dans des dictionnaires comme le Richelet (*Dictionnaire français*, 1680), le Furetière (*Dictionnaire universel*, 1690) et le *Dictionnaire de l'Académie française* (1694), trois ouvrages contemporains de l'œuvre de La Fontaine. Enfin, le *Dictionnaire historique de la langue française* d'Alain Rey nous a été d'un grand secours pour repérer la datation des sens et les usages actifs au temps du fabuliste. S'y trouvent également de l'information sur les noms propres n'apparaissant pas au *Petit Robert des noms propres* ou des renseignements utiles à la compréhension du texte de La Fontaine que ce même dictionnaire ne fournit pas. Certaines notes font référence à des données historiques factuelles permettant de mieux saisir les allusions politiques ou sociales. S'y trouvent enfin des tournures grammaticales incompréhensibles de nos jours. Nous avons choisi d'ajouter, uniquement dans les fables étudiées dans le manuel, des notes infrapaginales qui renvoient aux aspects touchant la grammaire et la versification au XVIIe siècle expliquées dans la présente introduction. Nous n'avons pas fait ces renvois dans les autres fables afin de ne pas en alourdir la lecture. Les tournures désuètes mais encore compréhensibles ne font pas l'objet de notes. Enfin, on trouvera dans l'annexe II un court glossaire des notions littéraires fréquemment employées (les mots suivis d'un astérisque [*] renvoient à ce glossaire).

Jean
de La Fontaine

Première partie

Cinquante fables
choisies

« Vous chantiez ? j'en suis fort aise : / Eh bien ! dansez maintenant. »
La Cigale et la Fourmi, illustration de Jean Simard,
dans *La Sagesse du Bonhomme,* Montréal, Fides, 1947.

LA CIGALE ET LA FOURMI

(LIVRE I, FABLE 1)

La Cigale, ayant chanté
    Tout l'été,
Se trouva fort dépourvue
Quand la bise fut venue.
5   Pas un seul petit morceau
De mouche ou de vermisseau.
Elle alla crier famine
Chez la Fourmi sa voisine,
La priant de lui prêter
10   Quelque grain[1] pour subsister
Jusqu'à la saison nouvelle.
« Je vous paierai, lui dit-elle,
Avant l'oût[2], foi d'animal,
Intérêt et principal. »
15   La Fourmi n'est pas prêteuse :
C'est là son moindre défaut.
« Que faisiez-vous au temps chaud ?
Dit-elle à cette emprunteuse.
— Nuit et jour à tout venant
20   Je chantais, ne vous déplaise.
— Vous chantiez ? j'en suis fort aise :
Eh bien ! dansez maintenant. »

---

1. *grain* : petit poids, valant environ cinq centigrammes ; miettes, presque rien.

2. *oût* : août, mois de la moisson.

LE CORBEAU ET LE RENARD

(LIVRE I, FABLE 2)

Maître Corbeau, sur un arbre perché,
    Tenait en son bec un fromage.
Maître Renard par l'odeur alléché,
    Lui tint à peu près ce langage :
5   « Et bonjour, Monsieur du Corbeau.
Que vous êtes joli ! que vous me semblez beau !
    Sans mentir, si votre ramage
    Se rapporte à votre plumage,
Vous êtes le phénix des hôtes de ces bois. »
10 À ces mots le Corbeau ne se sent pas de joie :
    Et pour montrer sa belle voix,
Il ouvre un large bec, laisse tomber sa proie.
Le Renard s'en saisit, et dit : « Mon bon Monsieur,
    Apprenez que tout flatteur
15 Vit aux dépens de celui qui l'écoute.
Cette leçon vaut bien un fromage sans doute. »
    Le Corbeau honteux et confus
Jura, mais un peu tard, qu'on ne l'y prendrait plus.

LE LOUP ET LE CHIEN

(LIVRE I, FABLE 5)

Un Loup n'avait que les os et la peau,
Tant les chiens faisaient bonne garde.
Ce Loup rencontre un **Dogue** aussi puissant que beau,
Gras, **poli**, qui s'était **fourvoyé** par **mégarde**.
5   L'attaquer, le mettre en quartiers,
Sire Loup l'eût fait volontiers.
Mais il fallait livrer bataille ;
Et le **Mâtin** était de taille
À se défendre hardiment.
10   Le Loup donc l'aborde humblement,
Entre en propos [1], et lui fait compliment
Sur son **embonpoint**, qu'il admire.
« Il ne tiendra qu'à vous, beau Sire,
D'être aussi gras que moi, lui repartit le Chien.
15   Quittez les bois, vous ferez bien :
Vos pareils y sont misérables,
Cancres, **hères**, et pauvres diables,
Dont la condition est de mourir de faim.
Car quoi ? Rien d'assuré ; point de franche **lippée** ;
20   Tout à la pointe de l'épée.
Suivez-moi ; vous aurez un bien meilleur destin. »
Le Loup reprit : « Que me faudra-t-il faire ?
— Presque rien, dit le Chien : donner la chasse aux gens
Portants bâtons, et mendiants [2] ;
25   Flatter ceux du logis, à son maître **complaire** ;
Moyennant quoi votre salaire

---

1. *Entre en propos* : entame la conversation.

2. *Portants* [...] *mendiants* : voir Introduction, Grammaire, 1, e, p. 8.

« Chemin faisant, il vit le col du Chien pelé. » *Le Loup et le Chien*
(3971 : Livre I, fable 5) des *Fables* de La Fontaine,
illustrées par Jean-Ignace-Isidore Granville (1803-1847).

Bibliothèque Municipale de Valenciennes – Photo François Leclercq.

Sera **force reliefs** de toutes les façons :
>> Os de poulets, os de pigeons ;
>> Sans parler de mainte caresse[1]. »
30 Le Loup déjà se forge une **félicité**
>> Qui le fait pleurer de tendresse.
Chemin faisant, il vit le col du Chien pelé.
« Qu'est-ce là ? lui dit-il. — Rien. — Quoi ? rien ? — Peu de chose.
— Mais encor[2] ? — Le collier dont[3] je suis attaché
35 De ce que vous voyez est peut-être la cause.
— Attaché ? dit le Loup ; vous ne courez donc pas
>> Où vous voulez ? — Pas toujours, mais qu'importe ?
— Il importe si bien, que de tous vos repas
>> Je ne veux en aucune sorte,
40 Et ne voudrais pas même à ce prix un trésor. »
Cela dit, maître Loup s'enfuit, et court encor.

---

1. *mainte caresse* : voir Introduction, Grammaire, 5, p. 9.

2. *encor* : voir Introduction, Versification, 3, p. 10.

3. *dont* : par lequel.

LE LOUP ET L'AGNEAU
(LIVRE I, FABLE 10)

La raison du plus fort est toujours la meilleure ;
    Nous l'allons montrer tout à l'heure[1].
    Un Agneau se désaltérait
    Dans le courant d'une onde pure.
5   Un Loup survient à jeun, qui cherchait aventure[2],
    Et que la faim en ces lieux attirait.
« Qui te rend si hardi de troubler mon breuvage ?
    Dit cet animal plein de rage :
Tu seras châtié de ta témérité.
10   — Sire, répond l'Agneau, que votre Majesté
    Ne se mette pas en colère ;
    Mais plutôt qu'elle considère
    Que je me vas désaltérant
    Dans le courant,
15   Plus de vingt pas au-dessous d'Elle,
Et que par conséquent en aucune façon,
    Je ne puis troubler sa boisson.
    — Tu la troubles, reprit cette bête cruelle,
Et je sais que de moi tu médis l'an passé.
20   — Comment l'aurais-je fait, si je n'étais pas né ?
    Reprit l'Agneau ; je tette encor ma mère.
    — Si ce n'est toi, c'est donc ton frère.
    — Je n'en ai point. — C'est donc quelqu'un des tiens :
    Car vous ne m'épargnez guère,
25   Vous, vos bergers et vos chiens.

---

1. *tout à l'heure* : tout de suite, à cette heure même.

2. *cherchait aventure* : *cherchait* la bonne occasion, un hasard formidable.

On me l'a dit : il faut que je me venge. »
    Là-dessus, au fond des forêts
    Le Loup l'emporte et puis le mange,
    Sans autre forme de procès.

L'HOMME ENTRE DEUX ÂGES,
ET SES DEUX MAÎTRESSES
(LIVRE I, FABLE 17)

Un Homme de moyen âge,
Et tirant sur le grison,
Jugea qu'il était saison
De songer au mariage.
  Il avait du comptant,
    Et partant
  De quoi choisir : toutes voulaient lui plaire ;
En quoi notre Amoureux ne se pressait pas tant ;
  Bien adresser[1] n'est pas petite affaire.
Deux Veuves sur son cœur eurent le plus de part :
  L'une encor verte, et l'autre un peu bien mûre,
    Mais qui réparait par son art
    Ce qu'avait détruit la nature.
    Ces deux Veuves, en badinant,
    En riant, en lui faisant fête,
    L'allaient quelquefois testonnant[2] ;
    C'est-à-dire ajustant[3] sa tête.
La Vieille à tous moments de sa part emportait
    Un peu du poil noir qui restait,
Afin que son Amant en fût plus à sa guise.
La Jeune saccageait les poils blancs à son tour.
Toutes deux firent tant que notre tête grise
Demeura sans cheveux, et se douta du tour.
« Je vous rends, leur dit-il, mille grâces, les Belles,
    Qui m'avez si bien tondu :

---

1. *Bien adresser* : se diriger vers la personne qui convient, s'adresser au bon endroit, faire le bon choix, viser juste.

2. *L'allaient quelquefois testonnant* : passaient quelquefois du temps à le coiffer.

3. *ajustant* : arrangeant avec coquetterie.

J'ai plus gagné que perdu ;
Car d'hymen point de nouvelles [1].
Celle que je prendrais voudrait qu'à sa façon
Je vécusse, et non à la mienne.
30   Il n'est tête chauve qui tienne [2] ;
Je vous suis obligé, Belles, de la leçon. »

---

1. *Car d'hymen point de nouvelles* : car de mariage, pas question.
2. *Il n'est tête chauve qui tienne* : avoir la tête chauve m'importe peu.

L'ENFANT ET LE MAÎTRE D'ÉCOLE
(LIVRE I, FABLE 19)

Dans ce récit je prétends faire voir
D'un certain Sot la remontrance vaine.
Un jeune Enfant dans l'eau se laissa choir,
En badinant[1] sur les bords de la Seine.
5 Le Ciel permit qu'un saule se trouva
Dont le branchage, après Dieu, le sauva.
S'étant pris, dis-je, aux branches de ce saule,
Par cet endroit passe un Maître d'école;
L'Enfant lui crie: « Au secours, je péris. »
10 Le Magister, se tournant à ses cris,
D'un ton fort grave à contretemps s'avise
De le tancer: « Ah! le petit babouin[2]!
Voyez, dit-il, où l'a mis sa sottise!
Et puis prenez de tels fripons le soin.
15 Que les parents sont malheureux, qu'il faille[3]
Toujours veiller à semblable canaille!
Qu'ils ont de maux! et que je plains leur sort!»
Ayant tout dit, il mit l'Enfant à bord.
Je blâme ici plus de gens qu'on ne pense.
20 Tout babillard, tout censeur, tout pédant
Se peut connaître au discours que j'avance:
Chacun des trois fait un peuple fort grand;
Le Créateur en a béni l'engeance.
En toute affaire ils ne font que songer
25   Aux moyens d'exercer leur langue.
Hé! mon ami, tire-moi de danger;
          Tu feras après ta harangue.

---

1. *En badinant*: en se promenant la tête en l'air, en jouant, en se comportant comme un sot.

2. *babouin*: enfant étourdi.

3. *qu'il faille*: s'il faut.

CONTRE CEUX QUI ONT LE GOÛT DIFFICILE
(Livre ii, fable 1)

Quand j'aurais en naissant reçu de Calliope
Les dons qu'à ses amants cette Muse a promis,
Je les consacrerais aux mensonges d'Ésope :
Le mensonge et les vers de tout temps sont amis.
5   Mais je ne me crois pas si chéri du Parnasse
Que de savoir orner toutes ces fictions[1].
On peut donner du lustre à leurs inventions :
On le peut, je l'essaie ; un plus savant le fasse.
Cependant jusqu'ici d'un langage nouveau
10   J'ai fait parler le Loup et répondre l'Agneau.
J'ai passé plus avant : les arbres et les plantes
Sont devenus chez moi créatures parlantes.
Qui ne prendrait ceci pour un enchantement ?
          « Vraiment, me diront nos critiques,
15   Vous parlez magnifiquement
          De cinq ou six contes d'enfant.
     — Censeurs, en voulez-vous qui soient plus authentiques
Et d'un style plus haut ? En voici. Les Troyens,
Après dix ans de guerre autour de leurs murailles,
20   Avaient lassé les Grecs, qui, par mille moyens,
          Par mille assauts, par cent batailles,
N'avaient pu mettre à bout cette fière Cité ;
Quand un cheval de bois, par Minerve inventé,
          D'un[2] rare et nouvel artifice,
25   Dans ses énormes flancs reçut le sage Ulysse,
Le vaillant Diomède, Ajax l'impétueux,

---

1. *Mais [...] / [...] fictions* : *Mais je ne me crois pas* assez *chéri du Parnasse / Pour savoir orner toutes ces fictions.*

2. *D'un* : grâce à un.

Que ce colosse monstrueux
Avec leurs escadrons devait porter dans Troie,
Livrant à leur fureur ses Dieux mêmes en proie[1] :
30   Stratagème inouï, qui des fabricateurs
Paya la constance et la peine.
— C'est assez, me dira quelqu'un de nos auteurs ;
La période est longue, il faut reprendre haleine ;
Et puis votre cheval de bois,
35   Vos héros avec leurs phalanges,
Ce sont des contes plus étranges
Qu'un Renard qui cajole un Corbeau sur sa voix.
De plus, il vous sied mal d'écrire en si haut style.
— Eh bien, baissons d'un ton. La jalouse Amarylle
40   Songeait à son Alcippe, et croyait de ses soins
N'avoir que ses moutons et son chien pour témoins.
Tircis, qui l'aperçut, se glisse entre des saules ;
Il entend la bergère adressant ces paroles
Au doux Zéphire[2], et le priant
45   De les porter à son Amant.
— Je vous arrête à cette rime,
Dira mon Censeur à l'instant :
Je ne la tiens pas légitime,
Ni d'une assez grande vertu.
50   Remettez, pour le mieux, ces deux vers à la fonte. »
Maudit Censeur, te tairas-tu ?
Ne saurais-je achever mon conte ?
C'est un dessein très dangereux
Que d'entreprendre de te plaire.
55   Les délicats sont malheureux :
Rien ne saurait les satisfaire.

---

1. *Livrant à leur fureur ses Dieux mêmes en proie* : livrant ses Dieux mêmes comme *proie à leur fureur.*

2. *Zéphire* : graphie ancienne de *zéphyr.*

LE LION ET LE RAT

(Livre II, fable 11)

LA COLOMBE ET LA FOURMI[1]

(Livre II, fable 12)

Il faut, autant qu'on peut, obliger tout le monde :
On a souvent besoin d'un plus petit que soi.
De cette vérité deux fables feront foi,
   Tant la chose en preuves abonde.
5   Entre les pattes d'un Lion
Un Rat sortit de terre assez à l'étourdie.
Le Roi des animaux, en cette occasion,
Montra ce qu'il était, et lui donna la vie.
   Ce bienfait ne fut pas perdu.
10   Quelqu'un aurait-il jamais cru
   Qu'un Lion d'un Rat eût affaire ?
Cependant il avint[2] qu'au sortir des forêts
   Ce Lion fut pris dans des rets,
Dont ses rugissements ne le purent défaire.
15 Sire Rat accourut, et fit tant par ses dents
Qu'une maille rongée emporta tout l'ouvrage.
   Patience et longueur de temps
   Font plus que force ni que rage.

L'autre exemple est tiré d'animaux plus petits.
20 Le long d'un clair ruisseau buvait une Colombe,

---

1. À certaines occasions, La Fontaine présente deux fables consécutives qui illustrent le même propos et qui souvent s'enchaînent.

2. *avint* : advint.

Quand sur l'eau se penchant une Fourmis y tombe ;
Et dans cet océan l'on eût vu la Fourmis
S'efforcer, mais en vain, de regagner la rive.
La Colombe aussitôt usa de charité :
25 Un brin d'herbe dans l'eau par elle étant jeté,
Ce fut un promontoire où la Fourmis arrive.
       Elle se sauve ; et là-dessus
Passe un certain Croquant qui marchait les pieds nus.
Ce Croquant, par hasard, avait une arbalète.
30   Dès qu'il voit l'Oiseau de Vénus[1],
Il le croit en son pot, et déjà lui fait fête.
Tandis qu'à le tuer mon Villageois s'apprête,
       La Fourmis le pique au talon.
       Le Vilain retourne la tête.
35 La Colombe l'entend, part et tire de long[2].
Le soupé du Croquant avec elle s'envole :
       Point de Pigeon pour une obole[3].

---

1. *Oiseau de Vénus* : dans l'Antiquité, la colombe était consacrée à la déesse de l'amour.

2. *tire de long* : à la chasse, se dit du gibier qui s'enfuit, file droit devant lui, sans perdre un instant.

3. *Point de Pigeon pour une obole* : on n'a rien pour rien.

LES MEMBRES ET L'ESTOMAC

(LIVRE III, FABLE 2)

Je devais[1] par la Royauté
Avoir commencé mon ouvrage :
À la voir d'un certain côté[2],
Messer Gaster[3] en est l'image.
5 S'il a quelque besoin, tout le corps s'en ressent.
De travailler pour lui les Membres se lassant,
Chacun d'eux résolut de vivre en gentilhomme,
Sans rien faire, alléguant l'exemple de Gaster.
« Il faudrait, disaient-ils, sans nous qu'il vécût d'air :
10 Nous suons, nous peinons, comme bêtes de somme.
Et pour qui ? Pour lui seul : nous n'en profitons pas ;
Notre soin n'aboutit qu'à fournir ses repas.
Chômons : c'est un métier qu'il veut nous faire apprendre. »
Ainsi dit, ainsi fait. Les Mains cessent de prendre,
15   Les Bras d'agir, les Jambes de marcher.
Tous dirent à Gaster qu'il en[4] allât chercher.
Ce leur fut une erreur dont ils se repentirent.

---

1. *Je devais* : j'aurais dû.

2. Les trois premiers vers de la fable exposent déjà son thème politique, qui fait certes l'apologie de la royauté, mais indirectement aussi sa critique. Louis XIV est un monarque absolu et ne représente en rien un rouage social comme un autre. C'est ce qu'insinue le troisième vers : il y a un *autre côté* à l'image de la Royauté ici présentée.

3. *Messer Gaster* : Messire l'Estomac. La Fontaine fait ici référence à un personnage de Rabelais dans *Le Quart Livre* (LVII).

4. *en* : pronom mis pour on ne sait trop quel nom. D'autres bras ? d'autres jambes ? de la nourriture ? Peut-être ce pronom est-il délibérément vague. Le vers signifierait alors : *Tous dirent à Gaster* d'aller *chercher* ce qui lui plairait, que ce n'était plus leur problème.

Bientôt les pauvres gens tombèrent en langueur ;
Il ne se forma plus de nouveau sang au cœur :
20   Chaque Membre en souffrit ; les forces se perdirent.
      Par ce moyen, les Mutins virent
Que celui qu'ils croyaient oisif et paresseux,
À l'intérêt commun contribuait plus qu'eux.
Ceci peut s'appliquer à la grandeur royale :
25   Elle reçoit et donne, et la chose est égale.
Tout travaille pour elle, et réciproquement
      Tout tire d'elle l'aliment.
Elle fait subsister l'artisan de ses peines[1],
Enrichit le marchand, gage le magistrat,
30   Maintient le laboureur[2], donne paye au soldat,
Distribue en cent lieues ses grâces souveraines,
      Entretient seule tout l'État.
      Ménénius le sut bien dire.
La commune[3] s'allait séparer du sénat ;
35   Les mécontents disaient qu'il avait tout l'empire,
Le pouvoir, les trésors, l'honneur, la dignité ;
Au lieu que tout le mal était de leur côté,
Les tributs, les impôts[4], les fatigues de guerre[5].

---

1. *Elle fait subsister l'artisan de ses peines* : elle lui permet de vivre grâce à ses efforts.

2. *Maintient le laboureur* : lui permet de subvenir à ses besoins.

3. *commune* : peuple.

4. *tributs, impôts* : impôts directs, impôts indirects.

5. *fatigues de guerre* : efforts et ennuis entraînés par la guerre.

Le peuple hors des murs était déjà posté,
40 La plupart s'en allaient chercher une autre terre,
     Quand Ménénius leur fit voir
     Qu'ils étaient aux Membres semblables,
Et par cet apologue, insigne entre les fables
     Les ramena dans leur devoir[1].

---

1. Cette fable propose donc un récit orienté vers une conduite morale à tenir de la part
de la Royauté. Quand on sait que Ménénius (voir le *Petit Robert des noms propres*, à
l'entrée « Menenius Agrippa ») a dû consentir à la nomination de représentants du
peuple à la suite de la révolte de la « commune », on soupçonne qu'il s'agit ici d'une
sorte de mise en garde de La Fontaine voulant que le pouvoir royal ne doit pas laisser
à penser qu'il existe des rôles inutiles dans la mécanique sociale ; mais à l'inverse,
personne ne doit se croire indépendant de cette même mécanique, le Roi compris.
Le fait que les cinq premiers vers et les vingt et un derniers de cette fable portent sur
l'interprétation de l'apologue de Ménénius fait bien voir que La Fontaine tient à bien
se faire comprendre et à ne pas susciter la vindicte royale. Le fabuliste sait ce qu'il en
coûte de trop parler : il a vu tant de gens emprisonnés ou exilés de Versailles ; de plus,
l'arrestation et la déchéance de Foucquet, son protecteur, n'est pas si lointaine (1661).
Les longues « morales » sont rares chez La Fontaine ; *La Laitière et le Pot au lait* (VII, 9),
Le Loup et le Chasseur (VIII, 27) en constituent deux autres exemples : dans les trois
cas, l'auteur apparaît émotionnellement engagé.

LES GRENOUILLES QUI DEMANDENT UN ROI

(Livre III, fable 4)

    Les Grenouilles se lassant
    De l'état démocratique,
    Par leurs clameurs firent tant
Que Jupin[1] les soumit au pouvoir monarchique.
5   Il leur tomba du Ciel un Roi tout pacifique :
Ce Roi fit toutefois un tel bruit en tombant
        Que la Gent marécageuse,
        Gent fort sotte et fort peureuse,
        S'alla cacher sous les eaux,
10   Dans les joncs, dans les roseaux,
        Dans les trous du marécage,
Sans oser de longtemps regarder au visage
Celui qu'elles croyaient être un géant nouveau.
        Or c'était un soliveau[2],
15   De qui la gravité fit peur à la première
        Qui, de le voir s'aventurant,
        Osa bien[3] quitter sa tanière.
        Elle approcha, mais en tremblant :
Une autre la suivit, une autre en fit autant ;
20   Il en vint une fourmilière ;
Et leur troupe à la fin se rendit familière,
        Jusqu'à sauter sur l'épaule du Roi.
Le bon Sire le souffre, et se tient toujours coi.
Jupin en a bientôt la cervelle rompue :
25   « Donnez-nous, dit ce peuple, un Roi qui se remue. »
Le Monarque des Dieux leur envoie une Grue,

---

1. *Jupin* : surnom familier et un peu burlesque* du roi des Dieux, Jupiter.

2. *soliveau* : solive.

3. *bien* : complètement, pour de bon.

Qui les croque, qui les tue,
Qui les gobe à son plaisir ;
Et Grenouilles de se plaindre ;
30   Et Jupin de leur dire : « Eh quoi ! votre désir
À ses lois croit-il nous astreindre ?
Vous avez dû[1] premièrement
Garder votre Gouvernement ;
Mais, ne l'ayant pas fait, il vous devait suffire
35   Que votre premier Roi fût débonnaire et doux :
De celui-ci contentez-vous,
De peur d'en rencontrer un pire. »

---

1. *avez dû* : auriez dû.

L'IVROGNE ET SA FEMME

(Livre III, fable 7)

Chacun a son défaut, où toujours il revient :
      Honte ni peur n'y remédie.
    Sur ce propos, d'un conte il me souvient :
      Je ne dis rien que je n'appuie
5   De quelque exemple. Un Suppôt de Bacchus
Altérait sa santé, son esprit, et sa bourse.
Telles gens n'ont pas fait la moitié de leur course
      Qu'ils sont au bout de leurs écus.
Un jour que celui-ci, plein du jus de la treille,
10 Avait laissé ses sens au fond d'une bouteille,
Sa Femme l'enferma dans un certain tombeau.
      Là les vapeurs du vin nouveau
Cuvèrent à loisir. À son réveil il treuve[1]
L'attirail de la mort à l'entour de son corps,
15   Un luminaire, un drap des morts.
« Oh ! dit-il, qu'est ceci ? Ma Femme est-elle veuve ? »
Là-dessus, son Épouse, en habit d'Alecton[2],
Masquée et de sa voix contrefaisant le ton,
Vient au prétendu Mort, approche de sa bière,
20 Lui présente un chaudeau propre pour[3] Lucifer.
L'Époux alors ne doute en aucune manière
      Qu'il ne soit citoyen d'Enfer.
« Quelle personne es-tu ? dit-il à ce fantôme.

---

1. *treuve* : forme ancienne de *trouve*.

2. *Alecton* : une des trois Furies, aussi appelées Érinyes.

3. *propre pour* : propre à, qui caractérise, digne de.

            — La Cellerière[1] du royaume

25   De Satan, reprit-elle ; et je porte à manger

         À ceux qu'enclôt la tombe noire. »

         Le Mari repart sans songer :

         « Tu ne leur portes point à boire ? »

---

1. *Cellerière* : cellérière.

LE RENARD ET LES RAISINS

(LIVRE III, FABLE 11)

Certain Renard gascon, d'autres disent normand[1],
Mourant presque de faim, vit au haut d'une treille
    Des Raisins mûrs apparemment
    Et couverts d'une peau vermeille.
Le Galant en eût fait volontiers un repas;
    Mais comme il n'y pouvait atteindre:
« Ils sont trop verts, dit-il, et bons pour des goujats. »
    Fit-il pas mieux que de se plaindre[2]?

---

1. *gascon*: fanfaron, hâbleur. D'Artagnan, le « quatrième » des *Trois Mousquetaires* d'Alexandre Dumas père, et Cyrano de Bergerac, héros de la pièce d'Edmond Rostand, sont gascons; *normand*: rusé, adroit en paroles. Gascons et Normands ont la réputation de posséder l'art de transformer la réalité par leur discours.

2. *Fit-il pas mieux que de se plaindre?*: ne *fit-il pas mieux* d'agir ainsi plutôt *que de se plaindre*?

LA FEMME NOYÉE

(Livre III, fable 16)

Je ne suis pas de ceux qui disent : « Ce n'est rien :
      C'est une femme qui se noie. »
Je dis que c'est beaucoup ; et ce sexe[1] vaut bien
Que nous le regrettions, puisqu'il fait notre joie.
5   Ce que j'avance ici n'est point hors de propos,
        Puisqu'il s'agit en cette fable,
        D'une Femme qui dans les flots
Avait fini ses jours par un sort déplorable.
        Son Époux en cherchait le corps,
10   Pour lui rendre, en cette aventure,
        Les honneurs de la sépulture.
        Il arriva que sur les bords
        Du fleuve auteur de sa disgrâce,
Des gens se promenaient ignorant l'accident.
15   Ce Mari donc leur demandant
S'ils n'avaient de sa Femme aperçu nulle trace :
« Nulle, reprit l'un d'eux ; mais cherchez-la plus bas ;
        Suivez le fil de la rivière. »
Un autre repartit : « Non, ne le suivez pas ;
20   Rebroussez plutôt en arrière.
Quelle que soit la pente et l'inclination
        Dont l'eau par sa course l'emporte,
        L'esprit de contradiction
        L'aura fait flotter d'autre sorte. »
25   Cet homme se raillait assez hors de saison.
        Quant à l'humeur contredisante,
        Je ne sais s'il avait raison.

---

1. *sexe* : désignait autrefois la femme ou les femmes. On disait aussi *le beau sexe*. Le mot n'est ni familier ni ironique.

Mais que cette humeur soit, ou non,
Le défaut du sexe et sa pente,
Quiconque avec elle naîtra
Sans faute avec elle mourra,
Et jusqu'au bout contredira,
Et, s'il peut, encor par-delà.

30

L'ÂNE ET LE PETIT CHIEN

(Livre iv, fable 5)

Ne forçons point notre talent ;
Nous ne ferions rien avec grâce.
Jamais un lourdaud, quoi qu'il fasse,
Ne saurait passer pour galant.
5   Peu de gens, que le Ciel chérit et gratifie,
Ont le don d'agréer infus[1] avec la vie.
C'est un point qu'il leur faut laisser,
Et ne pas ressembler à l'Âne de la fable,
Qui, pour se rendre plus aimable
10   Et plus cher à son Maître, alla le caresser.
« Comment ? disait-il en son âme,
Ce Chien, parce qu'il est mignon,
Vivra de pair à compagnon[2]
Avec Monsieur, avec Madame ;
15   Et j'aurai des coups de bâton ?
Que fait-il ? Il donne la patte ;
Puis aussitôt il est baisé.
S'il en faut faire autant afin que l'on me flatte,
Cela n'est pas bien malaisé. »
20   Dans cette admirable pensée,
Voyant son Maître en joie, il s'en vient lourdement,
Lève une corne toute usée,
La lui porte au menton fort amoureusement,
Non sans accompagner, pour plus grand ornement,
25   De son chant gracieux cette action hardie.

---

1. *infus* : en naissant (*avec la vie*) *peu de gens* ont en eux (*infus*) le don d'être agréable (*agréer*).

2. *de pair à compagnon* : comme s'il était son égal.

«Oh! oh! quelle caresse! et quelle mélodie!
Dit le Maître aussitôt. Holà, Martin Bâton[1]!»
Martin Bâton accourt: l'âne change de ton.
　　　Ainsi finit la comédie.

---

1. *Martin Bâton*: personnage de farce au Moyen Âge, qu'on retrouve plus tard chez Rabelais (*Tiers Livre*, III, 12). Martin est un prénom de domestique; ainsi personnifié, le bâton devient une sorte de serviteur spécialisé dans la bastonnade, châtiment typique de la comédie.

L'AVARE QUI A PERDU SON TRÉSOR

(Livre iv, fable 20)

L'usage seulement fait la possession.
Je demande à ces gens de qui la passion
Est d'entasser toujours, mettre¹somme sur somme,
Quel avantage ils ont que n'ait pas un autre homme.
5 Diogène là-bas² est aussi riche qu'eux,
Et l'Avare ici-haut comme lui vit en gueux.
L'Homme au Trésor caché qu'Ésope nous propose,
        Servira d'exemple à la chose.
            Ce malheureux attendait,
10 Pour jouir de son bien, une seconde vie ;
Ne possédait pas l'or, mais l'or le possédait.
Il avait dans la terre une somme enfouie,
        Son cœur avec, n'ayant autre déduit
            Que d'y ruminer jour et nuit,
15 Et rendre sa chevance³ à lui-même sacrée.
Qu'il allât ou qu'il vînt, qu'il bût ou qu'il mangeât,
On l'eût pris de bien court, à moins qu'il ne songeât⁴
À l'endroit où gisait cette somme enterrée.
Il y fit tant de tours qu'un Fossoyeur⁵ le vit,
20 Se douta du dépôt, l'enleva sans rien dire.
Notre Avare, un beau jour, ne trouva que le nid.
Voilà mon homme aux pleurs : il gémit, il soupire,
        Il se tourmente, il se déchire.

---

1. *mettre* : ellipse* de *de*.

2. *là-bas* : aux Enfers, chez les morts.

3. *chevance* : archaïsme ; bien, ce dont on peut *chevir*, c'est-à-dire disposer.

4. *On l'eût pris de bien court, à moins qu'il ne songeât* : il aurait fallu le prendre vraiment à l'improviste pour qu'il ne fût pas en train de songer.

5. *Fossoyeur* : celui qui creuse des fossés, terrassier.

Un Passant lui demande à quel sujet ses cris.

25   « C'est mon Trésor que l'on m'a pris.

— Votre Trésor ? où pris ? — Tout joignant[1] cette pierre.

— Eh ! sommes-nous en temps de guerre

Pour l'apporter si loin ? N'eussiez-vous pas mieux fait

De le laisser chez vous en votre cabinet[2],

30   Que de le changer de demeure ?

Vous auriez pu sans peine y puiser à toute heure.

— À toute heure, bons Dieux ! Ne tient-il qu'à cela[3] ?

L'Argent vient-il comme il s'en va ?

Je n'y touchais jamais. — Dites-moi donc, de grâce,

35   Reprit l'autre, pourquoi vous vous affligez tant :

Puisque vous ne touchiez jamais à cet Argent,

Mettez une pierre à la place,

Elle vous vaudra tout autant. »

---

1. *joignant* : à côté de, contigu à, attenant à.

2. *cabinet* : armoire, secrétaire.

3. *Ne tient-il qu'à cela ?* : est-ce aussi simple, aussi facile que cela de puiser de l'argent de mon trésor ?

LE LABOUREUR ET SES ENFANTS

(LIVRE V, FABLE 9)

Travaillez, prenez de la peine :
C'est le fonds[1] qui manque le moins.
Un riche Laboureur, sentant sa mort prochaine,
Fit venir ses Enfants, leur parla sans témoins.
5   « Gardez-vous, leur dit-il, de vendre l'héritage
Que nous ont laissé nos parents :
Un trésor est caché dedans.
Je ne sais pas l'endroit ; mais un peu de courage
Vous le fera trouver, vous en viendrez à bout.
10   Remuez votre champ dès qu'on aura fait l'oût[2] :
Creusez, fouillez, bêchez, ne laissez nulle place
Où la main ne passe et repasse. »
Le Père mort, les Fils vous retournent le champ,
Deçà, delà, partout ; si bien qu'au bout de l'an
15   Il en rapporta davantage.
D'argent, point de caché. Mais le Père fut sage
De leur montrer avant sa mort
Que le travail est un trésor.

---

1. *fonds* : le mot a ici un double sens : le vers peut tout aussi bien signifier que c'est le bien (la terre) ou le capital (l'argent) qui risque le moins de s'épuiser.

2. *oût* : août, par métonymie*, moisson.

LA MONTAGNE QUI ACCOUCHE

(LIVRE V, FABLE 10)

Une Montagne en mal d'enfant
Jetait une clameur si haute
Que chacun au bruit accourant
Crut qu'elle accoucherait, sans faute,
5   D'une cité plus grosse que Paris ;
Elle accoucha d'une Souris.

Quand je songe à cette fable,
Dont le récit est menteur
Et le sens est véritable,
10   Je me figure un auteur
Qui dit : « Je chanterai la guerre
Que firent les Titans au Maître du tonnerre[1]. »
C'est promettre beaucoup : mais qu'en sort-il souvent ?
Du vent.

---

1. *Maître du tonnerre* : Zeus (Jupiter), dieu du ciel, de la lumière du jour et des éléments (foudre, tonnerre, etc.) ; il foudroya les Titans et les précipita dans le Tartare, sous les Enfers, au fond de l'Univers.

LES MÉDECINS

(LIVRE V, FABLE 12)

Le médecin Tant-pis allait voir un Malade
Que visitait aussi son confrère Tant-mieux.
Ce dernier espérait, quoique son camarade[1]
Soutînt que le gisant irait voir ses aïeux.

5   Tous deux s'étant trouvés différents pour la cure,
Leur Malade paya le tribut à Nature[2],
Après qu'en ses conseils Tant-pis eut été cru.
Ils triomphaient[3] encor sur cette maladie.
L'un disait : « Il est mort, je l'avais bien prévu.

10   — S'il m'eût cru, disait l'autre, il serait plein de vie. »

---

1. *confrère* et *camarade* : les deux mots sont plus ou moins synonymes. *Confrère* : personne qui exerce la même fonction, qui a les mêmes occupations que soi. *Camarade* : confrère avec qui on a développé des liens de familiarité, presque d'amitié.

2. *paya le tribut à Nature* : périphrase* métaphorique (voir métaphore*) signifiant que le malade *paya* à la *nature* ce qu'il ne pouvait éviter de lui donner (*tribut*) dans ce cas-ci, c'est-à-dire que *leur malade* « mourut ».

3. *triomphaient* : pavoisaient, tiraient vanité, prétendaient avoir raison.

LE VIEILLARD ET L'ÂNE
(Livre vi, fable 8)

Un Vieillard sur son Âne aperçut en passant
Un pré plein d'herbe et fleurissant.
Il y lâche sa bête, et le Grison se rue
Au travers de l'herbe menue,
5   Se vautrant, grattant, et frottant,
Gambadant, chantant, et broutant,
Et faisant mainte place nette.
L'Ennemi vient sur l'entrefaite.
« Fuyons, dit alors le Vieillard.
10   — Pourquoi? répondit le paillard[1] :
Me fera-t-on porter double bât, double charge?
— Non pas, dit le Vieillard, qui prit d'abord[2] le large.
— Et que m'importe donc, dit l'Âne, à qui je sois[3]?
Sauvez-vous, et me laissez paître.
15   Notre ennemi, c'est notre maître :
Je vous le dis en bon françois. »

---

1. *paillard* : double sens ; celui qui couche sur la paille (au sens étymologique), mais aussi celui qui mène joyeuse et libre vie.

2. *d'abord* : tout de suite, aussitôt.

3. *sois* : en utilisant le subjonctif, La Fontaine exprime ici l'idée qu'il lui *importe* peu qu'il appartienne (*sois*) à un maître plutôt qu'à un autre.

LE VILLAGEOIS ET LE SERPENT

(LIVRE VI, FABLE 13)

Ésope conte qu'un Manant,
Charitable autant que peu sage,
Un jour d'hiver se promenant
À l'entour de son héritage,
5 Aperçut un Serpent sur la neige étendu,
Transi, gelé, perclus, immobile rendu,
N'ayant pas à vivre un quart d'heure.
Le Villageois le prend, l'emporte en sa demeure ;
Et sans considérer quel sera le loyer
10 D'une action de ce mérite,
Il l'étend le long du foyer,
Le réchauffe, le ressuscite.
L'Animal engourdi sent à peine le chaud
Que l'âme lui revient avecque la colère.
15 Il lève un peu la tête, et puis siffle aussitôt,
Puis fait un long repli, puis tâche à faire un saut
Contre son bienfaiteur, son sauveur, et son père.
« Ingrat, dit le Manant, voilà donc mon salaire !
Tu mourras ! » À ces mots, plein d'un juste courroux,
20 Il vous prend sa cognée, il vous tranche la Bête ;
Il fait trois serpents de deux coups,
Un tronçon, la queue, et la tête.
L'Insecte sautillant cherche à se réunir,
Mais il ne put y parvenir.
25 Il est bon d'être charitable :
Mais envers qui, c'est là le point.
Quant aux ingrats, il n'en est point
Qui ne meure enfin misérable.

LE CHARLATAN

(LIVRE VI, FABLE 19)

Le monde n'a jamais manqué de Charlatans.
            Cette science, de tout temps,
            Fut en professeurs[1] très fertile.
Tantôt l'un en théâtre[2] affronte l'Achéron[3],
5   Et l'autre affiche par la ville
            Qu'il est un passe-Cicéron[4].
            Un des derniers se vantait d'être
            En éloquence si grand Maître,
            Qu'il rendrait disert un badaud[5],
10   Un manant, un rustre, un lourdaud :
«Oui, Messieurs, un Lourdaud, un Animal, un Âne :
Que l'on m'amène un Âne, un Âne renforcé,
            Je le rendrai Maître passé[6] ;
            Et veux qu'il porte la soutane[7]. »
15   Le Prince sut la chose ; il manda le Rhéteur.
            «J'ai, dit-il, en mon écurie
            Un fort beau Roussin d'Arcadie[8] :
            J'en voudrais faire un Orateur.

---

1. *professeurs* : ceux qui professent, font profession ; adeptes.

2. *en théâtre* : sur un théâtre ; en représentation sur des tréteaux ou des scènes de fortune.

3. *affronte l'Achéron* : affronte la mort. Il s'agit de charlatans de foire qui, par exemple, se disent atteints de maladies mortelles que seuls peuvent guérir leurs remèdes infaillibles, ou encore qui prétendent pouvoir avaler du poison dont ils sont les seuls à vendre l'antidote, etc.

4. *Qu'il est un passe-Cicéron* : qu'il surpasse Cicéron (en éloquence, dans l'art oratoire).

5. *badaud* : personne sotte, niaise, stupide.

6. *Maître passé* : passé maître, c'est-à-dire ayant passé l'examen de maîtrise, lui donnant ainsi le droit d'enseigner à des étudiants aspirant à devenir maîtres à leur tour.

7. *soutane* : robe portée par les docteurs de l'Université (magistrats, avocats, médecins, professeurs, etc.).

8. *Roussin d'Arcadie* : l'Arcadie, région de Grèce, était réputée pour ses ânes et non ses chevaux (roussins), qui pouvaient difficilement parcourir cette région montagneuse. La Fontaine fait sans doute ici de l'ironie*.

— Sire, vous pouvez tout», reprit d'abord[1]notre homme.

20   On lui donna certaine somme.

        Il devait au bout de dix ans

        Mettre son Âne sur les bancs[2];

Sinon il consentait d'être en place publique

Guindé la hart au col[3], étranglé court et net,

25   Ayant au dos sa rhétorique[4],

        Et les oreilles d'un Baudet.

Quelqu'un des Courtisans lui dit qu'à la potence

Il voulait l'aller voir, et que, pour un pendu,

Il aurait bonne grâce et beaucoup de prestance :

30 Surtout qu'il se souvînt de faire à l'assistance

Un discours où son art fût au long étendu,

Un discours pathétique, et dont le formulaire

        Servît à certains Cicérons

        Vulgairement nommés Larrons.

35   L'autre reprit : « Avant l'affaire[5],

        Le Roi, l'Âne, ou moi, nous mourrons. »

        Il avait raison. C'est folie

        De compter sur dix ans de vie.

        Soyons bien buvants, bien mangeants :

40 Nous devons à la mort de trois l'un en dix ans[6].

---

1. *d'abord* : tout de suite, aussitôt.

2. *bancs* : « Ce mot se dit en parlant des actes qu'on soutient en Sorbonne [...] » (Richelet). Le Rhéteur devra donc faire obtenir au Roussin d'Arcadie tous ses diplômes universitaires jusqu'au doctorat.

3. *Guindé la hart au col* : hissé (*guindé*) la corde (*hart*) au cou (*col*), donc pendu.

4. *Ayant au dos sa rhétorique* : on attachait au cou des faussaires un écriteau désignant le crime commis par le prisonnier exhibé sur la place publique : ici, il s'agit du crime de faux rhéteur.

5. *l'affaire* : avant que l'affaire ne se règle, c'est-à-dire avant l'exécution de la sentence.

6. Ce dernier vers signifie : statistiquement, l'un de nous devrait mourir d'ici à dix ans.

LES ANIMAUX MALADES DE LA PESTE

(LIVRE VII, FABLE 1)

Un mal qui répand la terreur,
Mal que le Ciel en sa fureur
Inventa pour punir les crimes de la terre,
La Peste (puisqu'il faut l'appeler par son nom),
5   Capable d'enrichir en un jour l'Achéron,
Faisait aux animaux la guerre.
Ils ne mouraient pas tous, mais tous étaient frappés :
On n'en voyait point d'occupés
À chercher le soutien d'une mourante vie ;
10   Nul mets n'excitait leur envie :
Ni Loups ni Renards n'épiaient
La douce et l'innocente proie.
Les Tourterelles se fuyaient ;
Plus d'amour, partant plus de joie.
15   Le Lion tint conseil, et dit : « Mes chers amis,
Je crois que le Ciel a permis
Pour nos péchés cette infortune ;
Que le plus coupable de nous
Se sacrifie aux traits du céleste courroux[1] ;
20   Peut-être il obtiendra la guérison commune.
L'histoire nous apprend qu'en de tels accidents
On fait de pareils dévouements :
Ne nous flattons donc point, voyons sans indulgence
L'état de notre conscience.
25   Pour moi, satisfaisant mes appétits gloutons,
J'ai dévoré force moutons ;

---

1. Ce vers fait référence à Zeus (Jupiter), vengeur, que la colère amène à décocher des flèches sur les fautifs.

Que m'avaient-ils fait? Nulle offense :
Même il m'est arrivé quelquefois de manger
Le Berger.
30 Je me dévouerai donc, s'il le faut ; mais je pense
Qu'il est bon que chacun s'accuse ainsi que moi :
Car on doit souhaiter selon toute justice
Que le plus coupable périsse.
— Sire, dit le Renard, vous êtes trop bon Roi ;
35 Vos scrupules font voir trop de délicatesse.
Eh bien ! manger moutons, canaille, sotte espèce,
Est-ce un péché? Non, non. Vous leur fîtes, Seigneur,
En les croquant, beaucoup d'honneur.
Et quant au Berger, l'on peut dire
40 Qu'il était digne de tous maux,
Étant de ces gens-là qui sur les animaux
Se font un chimérique empire[1]. »
Ainsi dit le Renard, et flatteurs d'applaudir.
On n'osa trop approfondir
45 Du Tigre, ni de l'Ours, ni des autres puissances
Les moins pardonnables offenses.
Tous les gens querelleurs, jusqu'aux simples mâtins,
Au dire de chacun, étaient de petits saints.
L'Âne vint à son tour et dit: « J'ai souvenance
50 Qu'en un pré de Moines passant,
La faim, l'occasion, l'herbe tendre, et je pense,
Quelque diable aussi me poussant,
Je tondis de ce pré la largeur de ma langue.
Je n'en avais nul droit, puisqu'il faut parler net. »
55 À ces mots on cria haro sur le Baudet.

---

1. [...] *sur les animaux / Se font un chimérique empire* : s'imaginent (*chimérique*) avoir tout
pouvoir (*empire*) sur les animaux.

Un Loup quelque peu clerc prouva par sa harangue
Qu'il fallait dévouer[1] ce maudit animal,
Ce pelé, ce galeux, d'où venait tout le mal.
Sa peccadille fut jugée un cas pendable.
60   Manger l'herbe d'autrui! quel crime abominable!
        Rien que la mort n'était capable
D'expier[2] son forfait: on le lui fit bien voir.
Selon que vous serez puissant ou misérable,
Les jugements de Cour vous rendront blanc ou noir.

---

1. *dévouer*: vouer aux dieux comme victime expiatoire.

2. *expier*: racheter, réparer.

LE RAT QUI S'EST RETIRÉ DU MONDE

(LIVRE VII, FABLE 3)

Les Levantins en leur légende
Disent qu'un certain Rat, las des soins d'ici-bas,
Dans un fromage de Hollande[1]
Se retira loin du tracas.
5   La solitude était profonde,
S'étendant partout à la ronde.
Notre ermite nouveau subsistait là-dedans.
Il fit tant, de pieds et de dents,
Qu'en peu de jours il eut au fond de l'ermitage
10   Le vivre et le couvert ; que faut-il davantage ?
Il devint gros et gras[2] : Dieu prodigue ses biens
À ceux qui font vœu d'être siens.
Un jour, au dévot personnage,
Des députés du peuple Rat
15   S'en vinrent demander quelque aumône légère :
Ils allaient en terre étrangère
Chercher quelque secours contre le peuple Chat ;
Ratopolis[3] était bloquée :
On les avait contraints de partir sans argent,
20   Attendu l'état indigent
De la République attaquée.
Ils demandaient fort peu, certains que le secours
Serait prêt dans quatre ou cinq jours.

---

1. En 1672, Louis XIV commence une guerre contre la Hollande qui durera jusqu'en 1678. Pour la financer, le roi demande au clergé, en 1675, sa participation par un « don volontaire » (voir l'*aumône légère* du vers 15) ; le clergé refuse en raison de sa contribution par la prière. La fable aurait été écrite cette année-là.

2. Ce demi-vers, comme le vers 25, font référence à la pièce *Tartuffe* de Molière, conçue en 1664, aussitôt interdite, représentée en 1667, interdite à nouveau, et rejouée en 1669.

3. *Ratopolis* : mot composé de « rato » et de « polis » : cité (*polis*) des rats (*rato*).

« Mes amis, dit le Solitaire,
25 Les choses d'ici-bas ne me regardent plus :
En quoi peut un pauvre Reclus
Vous assister ? Que peut-il faire
Que de prier[1] le Ciel qu'il vous aide en ceci ?
J'espère qu'il aura de vous quelque souci. »
30 Ayant parlé de cette sorte,
Le nouveau Saint ferma sa porte.
Que désignai-je, à votre avis,
Par ce Rat si peu secourable ?
Un Moine ? Non, mais un Dervis[2] :
35 Je suppose qu'un Moine est toujours charitable.

1. *Que peut-il faire / Que de prier* [...] : *que peut-il faire*, sinon *prier*...

2. *Dervis* : derviche, moine musulman, en Perse, en Turquie, en Syrie.

LE HÉRON
LA FILLE

(Livre VII, fables 4 et 5)

Un jour sur ses longs pieds allait, je ne sais où,
Le Héron au long bec emmanché d'un long cou.
   Il côtoyait une rivière.
L'onde était transparente ainsi qu'aux plus beaux jours ;
5 Ma commère la carpe y faisait mille tours
   Avec le brochet son compère.
Le Héron en eût fait aisément son profit :
Tous approchaient du bord, l'oiseau n'avait qu'à prendre ;
   Mais il crut mieux faire d'attendre
10   Qu'il eût un peu plus d'appétit.
Il vivait de régime, et mangeait à ses heures.
Après quelques moments l'appétit vint ; l'oiseau
   S'approchant du bord vit sur l'eau
Des tanches qui sortaient du fond de ces demeures.
15 Le mets ne lui plut pas ; il s'attendait à mieux
   Et montrait un goût dédaigneux
   Comme le rat du bon Horace[1].
« Moi, des tanches ! dit-il ; moi, Héron, que je fasse
Une si pauvre chère ? et pour qui me prend-on ? »
20 La tanche rebutée il trouva du goujon.
« Du goujon ! c'est bien là le dîner d'un Héron !
J'ouvrirais pour si peu le bec ! aux Dieux ne plaise ! »
Il l'ouvrit pour bien moins : tout alla de façon
   Qu'il ne vit plus aucun poisson.
25 La faim le prit ; il fut tout heureux et tout aise
   De rencontrer un limaçon.

---

1. *du bon Horace* : La Fontaine fait ici référence à la fable *Le Rat des villes et le Rat des champs*, dont il a puisé l'anecdote chez Horace.

> Ne soyons pas si difficiles :
> Les plus accommodants, ce sont les plus habiles :
> On hasarde de perdre en voulant trop gagner.
> Gardez-vous de rien dédaigner ;

30

> Surtout quand vous avez à peu près votre compte.
> Bien des gens y sont pris ; ce n'est pas aux Hérons
> Que je parle ; écoutez, humains, un autre conte ;
> Vous verrez que chez vous j'ai puisé ces leçons.

35

> Certaine Fille un peu trop fière
> Prétendait trouver un mari
> Jeune, bien fait, et beau, d'agréable manière,
> Point froid et point jaloux ; notez ces deux points-ci.
> Cette Fille voulait aussi

40

> Qu'il eût du bien, de la naissance,
> De l'esprit, enfin tout ; mais qui peut tout avoir ?
> Le destin se montra soigneux de la pourvoir :
> Il vint des partis d'importance.
> La Belle les trouva trop chétifs de moitié.

45

> « Quoi moi ! quoi ces gens-là ? l'on radote, je pense.
> À moi les proposer ! hélas ! ils font pitié.
> Voyez un peu la belle espèce[1] ! »
> L'un n'avait en l'esprit nulle délicatesse ;
> L'autre avait le nez fait de cette façon-là ;

50

> C'était ceci, c'était cela,
> C'était tout ; car les précieuses
> Font dessus tout[2] les dédaigneuses.
> Après les bons partis les médiocres gens
> Vinrent se mettre sur les rangs.

---

1. *espèce* : se dit des choses et des personnes singulières.

2. *dessus tout* : sur *tout*.

55   Elle de se moquer. « Ah vraiment je suis bonne
De leur ouvrir la porte : ils pensent que je suis
       Fort en peine de ma personne.
       Grâce à Dieu je passe les nuits
       Sans chagrin, quoique en solitude. »
60   La Belle se sut gré de tous ces sentiments.
L'âge la fit déchoir ; adieu tous les amants.
Un an se passe, et deux, avec inquiétude.
Le chagrin vient ensuite ; elle sent chaque jour
Déloger quelques ris, quelques jeux, puis l'amour ;
65   Puis ses traits choquer et déplaire ;
Puis cent sortes de fards[1]. Ses soins ne purent faire
Qu'elle échappât au temps, cet insigne larron :
       Les ruines d'une maison
Se peuvent réparer ; que n'est cet avantage
70   Pour les ruines du visage !
Sa préciosité changea lors de langage.
Son miroir lui disait : « Prenez vite un mari. »
Je ne sais quel désir le lui disait aussi ;
Le désir peut loger chez une précieuse.
75   Celle-ci fit un choix qu'on n'aurait jamais cru,
Se trouvant à la fin tout aise et tout heureuse
       De rencontrer un malotru[2].

---

1. *Puis cent sortes de fards* : puis a recours à cent sortes de fards.

2. *malotru* : le terme désigne non seulement une personne sans éducation (*Nouveau Petit Robert*), mais aussi des « gens mal faits, mal bâtis et incommodés, soit en leur personne, soit en leur fortune » (Furetière).

LE COCHE ET LA MOUCHE

(LIVRE VII, FABLE 8)

Dans un chemin montant, sablonneux, malaisé,
Et de tous les côtés au soleil exposé,
     Six forts chevaux tiraient un Coche.
Femmes, moine, vieillards, tout était descendu.
5   L'attelage suait, soufflait, était rendu.
Une Mouche survient, et des chevaux s'approche;
Prétend les animer par son bourdonnement;
Pique l'un, pique l'autre, et pense à tout moment
     Qu'elle fait aller la machine,
10   S'assied sur le timon, sur le nez du cocher:
     Aussitôt que le char chemine,
     Et qu'elle voit les gens marcher,
Elle s'en attribue uniquement la gloire;
Va, vient, fait l'empressée; il semble que ce soit
15 Un sergent de bataille[1] allant en chaque endroit
Faire avancer ses gens, et hâter la victoire.
     La Mouche en ce commun besoin
Se plaint qu'elle agit seule, et qu'elle a tout le soin;
Qu'aucun n'aide aux chevaux à se tirer d'affaire.
20   Le Moine disait son bréviaire:
Il prenait bien son temps! Une femme chantait;
C'était bien de chansons qu'alors il s'agissait!
Dame Mouche s'en va chanter à leurs oreilles,
     Et fait cent sottises pareilles[2].

---

1. *sergent de bataille*: militaire qui, au cours d'une bataille, reçoit du général le plan des opérations qu'il a prévues. Le sergent de bataille et les maréchaux ont pour mission d'exécuter ce plan.

2. *Et fait cent sottises pareilles*: c'est-à-dire *pareilles* aux *sottises* que la Mouche a elle-même commises jusqu'ici.

25 Après bien du travail, le Coche arrive au haut.
« Respirons maintenant, dit la Mouche aussitôt :
J'ai tant fait que nos gens sont enfin dans la plaine[1].
Çà, Messieurs les Chevaux, payez-moi de ma peine. »

Ainsi certaines gens faisant les empressés
30   S'introduisent dans les affaires :
            Ils font partout les nécessaires ;
Et, partout importuns, devraient être chassés.

---

1. *dans la plaine* : sur le plateau, en terrain plat.

LA LAITIÈRE ET LE POT AU LAIT

(LIVRE VII, FABLE 9)

Perrette, sur sa tête ayant un Pot au lait
        Bien posé sur un coussinet,
Prétendait[1] arriver sans encombre à la ville.
Légère et court vêtue elle allait à grands pas;
5   Ayant mis ce jour-là pour être plus agile
        Cotillon simple, et souliers plats.
        Notre Laitière ainsi troussée[2]
        Comptait déjà dans sa pensée
Tout le prix de son lait, en employait l'argent,
10   Achetait un cent d'œufs, faisait triple couvée;
La chose allait à bien par son soin diligent.
        «Il m'est, disait-elle, facile
D'élever des poulets autour de ma maison:
        Le renard sera bien habile,
15   S'il ne m'en laisse assez pour avoir un cochon.
Le porc à s'engraisser coûtera peu de son;
Il était, quand je l'eus, de grosseur raisonnable;
J'aurai, le revendant, de l'argent bel et bon.
Et qui m'empêchera de mettre en notre étable,
20   Vu le prix dont il est, une vache et son veau,
Que je verrai sauter au milieu du troupeau?»
Perrette là-dessus saute aussi, transportée.
Le lait tombe; adieu veau, vache, cochon, couvée.
La Dame de ces biens, quittant d'un œil marri
25   Sa fortune ainsi répandue,
        Va s'excuser à son mari,

---

1. *Prétendait*: au XVII⁰ siècle, *prétendre* signifie «aspirer à, avoir l'espérance d'obtenir quelque chose» (Furetière).

2. *troussée*: simplement et rapidement, et en même temps habilement, élégamment, voire coquettement vêtue.

En grand danger d'être battue.
Le récit en farce en fut fait ;
On l'appela le Pot au lait.

30   Quel esprit ne bat la campagne ?
          Qui ne fait châteaux en Espagne ?
Picrochole[1], Pyrrhus, la Laitière, enfin tous,
          Autant les sages que les fous ?
Chacun songe en veillant, il n'est rien de plus doux :
35   Une flatteuse erreur[2] emporte alors nos âmes :
          Tout le bien du monde est à nous,
          Tous les honneurs, toutes les femmes.
Quand je suis seul, je fais au plus brave un défi ;
Je m'écarte[3], je vais détrôner le Sophi[4] ;
40   On m'élit roi, mon peuple m'aime ;
Les diadèmes vont sur ma tête pleuvant :
Quelque accident fait-il que je rentre en moi-même,
          Je suis gros Jean[5] comme devant.

---

1. *Picrochole* : personnage du *Gargantua* de Rabelais, roi et ennemi du héros en titre ;
   ses rêves de conquêtes menèrent tous à de piteux échecs.

2. *Une flatteuse erreur* : une agréable illusion, un agréable vagabondage de l'imaginaire.

3. *Je m'écarte* : mon imagination s'égare, se détourne, s'éloigne de la réalité.

4. *Sophi* : ancien nom du roi de Perse.

5. *Jean* : nom donné à monsieur Tout-le-monde.

LES DEVINERESSES [1]

(LIVRE VII, FABLE 14)

C'est souvent du hasard que naît l'opinion;
Et c'est l'opinion qui fait toujours la vogue.
    Je pourrais fonder ce prologue
Sur gens de tous états; tout est prévention,
5   Cabale, entêtement, point ou peu de justice:
C'est un torrent; qu'y faire? il faut qu'il ait son cours,
    Cela fut et sera toujours.
Une femme, à Paris, faisait la pythonisse.
On l'allait consulter sur chaque événement:
10   Perdait-on un chiffon, avait-on un amant,
Un mari vivant trop, au gré de son épouse,
Une mère fâcheuse, une femme jalouse;
    Chez la Devineuse on courait;
Pour se faire annoncer ce que l'on désirait.
15   Son fait [2] consistait en adresse.
Quelques termes de l'art, beaucoup de hardiesse,
Du hasard quelquefois, tout cela concourait:
Tout cela bien souvent faisait crier miracle.
Enfin, quoique ignorante à vingt et trois carats [3],
20   Elle passait pour un oracle.
L'oracle était logé dedans un galetas.
    Là, cette femme emplit sa bourse,

---

1. *Les Devineresses*: à l'époque de La Fontaine, les diseuses de bonne aventure étaient souvent consultées par les gens de la noblesse. Des procès célèbres mirent en cause certaines d'entre elles, telles Mmes de Brinvilliers et La Voisin. La Fontaine fut indirectement touché par ces scandales, car Mme de Bouillon, une de ses protectrices, fut plus directement incriminée. Cette disgrâce montre comment, sous Louis XIV, les comportements et les alliances pesaient lourd sur le jugement social.

2. *fait*: façon d'être ou d'agir, conduite.

3. *vingt et trois carats*: expression qui, dans la langue du XVIIe siècle, signifie «à un degré suprême» (Richelet).

Et sans avoir d'autre ressource,
Gagne de quoi donner un rang à son mari :
25　　Elle achète un office, une maison aussi.
　　　　　　Voilà le galetas rempli
D'une nouvelle hôtesse, à qui toute la ville,
Femmes, filles, valets, gros Messieurs, tout enfin,
Allait comme autrefois demander son destin :
30　　Le galetas devint l'antre de la Sybille.
L'autre femelle avait achalandé ce lieu.
Cette dernière femme eut beau faire, eut beau dire :
« Moi Devine ! on se moque : eh ! Messieurs, sais-je lire ?
Je n'ai jamais appris que ma croix de par Dieu[1]. »
35　　Point de raison ; fallut deviner et prédire,
　　　　　　Mettre à part force bons ducats,
Et gagner malgré soi plus que deux avocats.
Le meuble, et l'équipage[2] aidaient fort à la chose :
Quatre sièges boiteux, un manche de balai,
40　　Tout sentait son sabbat, et sa métamorphose[3].
　　　　　　Quand cette femme aurait dit vrai
　　　　　　Dans une chambre tapissée,
　　On s'en serait moqué ; la vogue était passée
　　　　　　Au galetas ; il avait le crédit[4] :

---

1. *croix de par Dieu* : au XVIIe siècle, le livre qui servait à apprendre l'alphabet aux enfants était orné d'une croix sur la couverture. En raison de ce signe, on prit l'habitude d'appeler l'alphabet la *croix de par Dieu*. Dans cette fable, la seconde Devineresse se défend de prédire l'avenir, car tout ce qu'elle connaît de l'alphabet, c'est la croix de la couverture de ce manuel.

2. *l'équipage* : ensemble du matériel nécessaire, c'est-à-dire les meubles et les ustensiles.

3. *métamorphose* : la métamorphose fait référence à celle des sorcières en animaux. L'allusion à la sorcellerie est renforcée par le balai du vers précédent.

4. [...] *la vogue était passée / Au galetas ; il avait le crédit* : ce vers signifie que c'est le lieu dans lequel se faisaient les prédictions de la Devineresse qui était prisé et non la Devineresse elle-même. C'est en raison de l'apparence misérable, inquiétante, mystérieuse de ce lieu qu'on venait visiter la Devineresse, et non pas pour la justesse de ses prédictions. C'est donc le *galetas* qui a le *crédit*, qui a la cote.

45   L'autre femme[1] se morfondit.
     L'enseigne fait la chalandise[2].
J'ai vu dans le Palais une robe mal mise
     Gagner gros ; les gens l'avaient prise
     Pour maître tel[3], qui traînait après soi
50   Force écoutants, demandez-moi pourquoi.

---

1. *L'autre femme* : La Fontaine fait ici allusion à la première Devineresse qui perdit sa clientèle à partir du moment où elle s'installa dans une belle maison.

2. *chalandise* : clientèle.

3. *Pour maître tel* : *les gens* avaient pris la personne qui portait cette robe pour un avocat (*maître tel*) du Palais de justice.

LE SAVETIER ET LE FINANCIER
(Livre VIII, fable 2)

Un Savetier chantait du matin jusqu'au soir :
C'était merveilles de le voir,
Merveilles de l'ouïr ; il faisait des passages[1],
Plus content qu'aucun des Sept Sages.

5 Son voisin au contraire, étant tout cousu d'or,
Chantait peu, dormait moins encor.
C'était un homme de finance.
Si sur le point du jour parfois il sommeillait,
Le Savetier alors en chantant l'éveillait ;

10 Et le Financier se plaignait,
Que les soins de la **Providence**
N'eussent pas au marché fait vendre le dormir,
Comme le manger et le boire.
En son **hôtel** il fait venir

15 Le chanteur, et lui dit : «Or çà[2], sire Grégoire,
Que gagnez-vous par an ? — Par an ? ma foi Monsieur,
Dit avec un ton de rieur
Le **gaillard** Savetier, ce n'est point ma manière
De compter de la sorte ; et je n'entasse guère

20 Un jour sur l'autre[3] : il suffit qu'à la fin
J'attrape le bout de l'année :
Chaque jour amène son pain.
— Eh bien que gagnez-vous, dites-moi, par journée ?
— Tantôt plus, tantôt moins : le mal est que toujours

25 (Et sans cela nos gains seraient assez **honnêtes**),

---

1. *passages* : fait d'abord référence à des extraits d'une œuvre. On parle aussi de roulades, c'est-à-dire de successions de notes chantées rapidement sur une seule syllabe.

2. *Or çà* : interjection visant à susciter l'entrain : «Eh bien ! Allons !»

3. *Un jour sur l'autre* : jour après jour, en additionnant les gains jour après jour.

Le mal est que dans l'an s'entremêlent des jours
Qu'il faut chômer ; on nous ruine en fêtes,
L'une fait tort à l'autre ; et Monsieur le Curé
De quelque nouveau Saint charge toujours son **prône**. »
30 Le Financier riant de sa **naïveté**,
Lui dit : « Je veux vous mettre aujourd'hui sur le trône.
Prenez ces cent écus[1] : gardez-les avec soin,
     Pour vous en servir au besoin. »
Le Savetier crut voir tout l'argent que la terre
35   Avait depuis plus de cent ans
     Produit pour l'usage des gens.
Il retourne chez lui ; dans sa cave il enserre[2]
     L'argent, et sa joie à la fois.
     Plus de chant ; il perdit la voix
40 Du moment qu'il gagna ce qui cause nos **peines**.
     Le sommeil quitta son logis,
     Il eut pour **hôtes** les soucis,
     Les soupçons, les alarmes vaines.
Tout le jour il avait l'œil au **guet** ; et la nuit,
45   Si quelque chat faisait du bruit,
Le chat prenait l'argent : à la fin le pauvre homme
S'en courut chez celui qu'il ne réveillait plus :
« Rendez-moi, lui dit-il, mes chansons et mon somme,
     Et reprenez vos cent écus. »

---

1. *cent écus* : environ 5 000 $ aujourd'hui.

2. *enserre* : range avec soin, enferme, cache.

LES FEMMES ET LE SECRET

(Livre viii, fable 6)

Rien ne pèse tant qu'un secret :
Le porter loin[1] est difficile aux dames :
Et je sais même sur ce fait
Bon nombre d'hommes qui sont femmes.
5   Pour éprouver la sienne un mari s'écria
La nuit étant près d'elle : « Ô dieux ! qu'est-ce celà ?
Je n'en puis plus, on me déchire ;
Quoi ? j'accouche d'un œuf ! — D'un œuf ? — Oui, le voilà,
Frais et nouveau pondu : gardez bien de le dire :
10   On m'appellerait poule. Enfin n'en parlez pas. »
La femme neuve sur ce cas[2],
Ainsi que sur mainte autre affaire,
Crut la chose, et promit ses grands dieux[3] de se taire.
Mais ce serment s'évanouit
15   Avec les ombres de la nuit.
L'épouse indiscrète et peu fine,
Sort du lit quand le jour fut à peine levé :
Et de courir chez sa voisine.
« Ma commère, dit-elle, un cas est arrivé :
20   N'en dites rien surtout, car vous me feriez battre.
Mon mari vient de pondre un œuf gros comme quatre.
Au nom de Dieu gardez-vous bien
D'aller publier ce mystère.
— Vous moquez-vous ? dit l'autre. Ah, vous ne savez guère
25   Quelle[4] je suis. Allez, ne craignez rien. »

---

1. *Le porter loin* : le garder longtemps.

2. *ce cas* : événement considérable, chose importante, étonnante, grosse affaire.

3. *promit ses grands dieux* : jura *ses grands dieux*.

4. *Quelle* : qui je suis.

La femme du pondeur s'en retourne chez elle.
L'autre grille déjà de conter la nouvelle :
Elle va la répandre en plus de dix endroits.
   Au lieu d'un œuf elle en dit trois.
30 Ce n'est pas encor tout, car une autre commère
En dit quatre, et raconte à l'oreille le fait,
   Précaution peu nécessaire,
   Car ce n'était plus un secret.
Comme le nombre d'œufs, grâce à la renommée,
35   De bouche en bouche allait croissant,
   Avant la fin de la journée
   Ils se montaient à plus d'un cent.

L'OURS ET L'AMATEUR DES JARDINS
(LIVRE VIII, FABLE 10)

Certain Ours montagnard, Ours à demi léché,
Confiné par le sort dans un bois solitaire,
Nouveau Bellérophon[1] vivait seul et caché :
Il fût devenu fou ; la raison d'ordinaire
5   N'habite pas longtemps chez les gens séquestrés[2] :
Il est bon de parler, et meilleur de se taire,
Mais tous deux sont mauvais alors qu'ils sont outrés[3].
        Nul animal n'avait affaire
        Dans les lieux que l'Ours habitait ;
10   Si bien que tout Ours qu'il était,
Il vint à s'ennuyer de cette triste vie.
Pendant qu'il se livrait à la mélancolie,
        Non loin de là certain Vieillard
        S'ennuyait aussi de sa part.
15   Il aimait les jardins, était prêtre de Flore,
        Il l'était de Pomone encore :
Ces deux emplois sont beaux ; mais je voudrais parmi[4]
        Quelque doux et discret ami.
Les jardins parlent peu, si ce n'est dans mon livre ;
20   De façon que lassé de vivre
Avec des gens muets notre homme un beau matin
Va chercher compagnie, et se met en campagne.

---

1. *Bellérophon* : habile cavalier qui réussit à dompter le cheval ailé Pégase. Mais cette prouesse le rendit orgueilleux : il se crut l'égal des dieux, voulut s'élever jusqu'à l'Olympe, mais Pégase, plus avisé, désarçonna son cavalier. Depuis lors, il est proscrit des dieux et condamné à vivre à l'écart. L'expression désigne donc ici un être solitaire, vivant retiré des hommes.

2. *séquestrés* : séparés du monde.

3. *outrés* : poussés à bout, fatigués.

4. *je voudrais parmi* : ici *parmi* est adverbe ; *je voudrais* « au milieu de mon jardin ».

L'Ours porté[1] d'un même dessein
Venait de quitter sa montagne :
25   Tous deux par un cas surprenant
Se rencontrent en un tournant.
L'Homme eut peur : mais comment esquiver ; et que faire ?
Se tirer en Gascon d'une semblable affaire
Est le mieux[2] : il sut donc dissimuler sa peur.
30   L'Ours très mauvais complimenteur
Lui dit : « Viens-t'en me voir. » L'autre reprit : « Seigneur,
Vous voyez mon logis ; si vous me vouliez faire
Tant d'honneur que d'y prendre un champêtre repas,
J'ai des fruits, j'ai du lait : ce n'est peut-être pas
35   De Nosseigneurs[3] les Ours le manger ordinaire ;
Mais j'offre ce que j'ai. » L'Ours accepte ; et d'aller.
Les voilà bons amis avant que d'arriver.
Arrivés, les voilà se trouvant bien ensemble ;
       Et bien qu'on soit à ce qu'il semble
40   Beaucoup mieux seul qu'avec des sots,
Comme l'Ours en un jour ne disait pas deux mots
L'homme pouvait sans bruit vaquer à son ouvrage.
L'Ours allait à la chasse, apportait du gibier,
       Faisait son principal métier
45   D'être un bon émoucheur[4], écartait du visage
De son ami dormant, ce parasite ailé,
       Que nous avons mouche appelé.
Un jour que le Vieillard dormait d'un profond somme,
Sur le bout de son nez une allant se placer
50   Mit l'Ours au désespoir ; il eut beau la chasser.

---

1. *porté (de)* : poussé (par), animé (par).

2. *Se tirer en Gascon d'une semblable affaire / Est le mieux* : feindre l'assurance d'un Gascon est le meilleur moyen de se tirer d'affaire.

3. *Nosseigneurs* : pluriel de Monseigneur.

4. *émoucheur* : mot inventé par La Fontaine, forgé à partir de *émoucheteur* qu'on retrouve chez Rabelais.

« Je t'attraperai bien, dit-il. Et voici comme[1]. »
Aussitôt fait que dit ; le fidèle émoucheur
Vous empoigne un pavé, le lance avec roideur[2],
Casse la tête à l'Homme en écrasant la mouche,
Et non moins bon archer que mauvais raisonneur :
Raide mort étendu sur la place il le couche.
Rien n'est si dangereux qu'un ignorant ami ;
      Mieux vaudrait un sage ennemi.

55

---

1. *comme* : comment.

2. *roideur* : raideur.

~~~~~~~~~~

LES DEUX AMIS

(Livre VIII, fable 11)

Deux vrais Amis vivaient au Monomotapa[1] :
L'un ne possédait rien qui n'appartînt à l'autre :
       Les amis de ce pays-là
       Valent bien, dit-on, ceux du nôtre.
5   Une nuit que chacun s'occupait au sommeil,
Et mettait à profit l'absence du soleil,
Un de nos deux Amis sort du lit en alarme :
Il court chez son intime, éveille les valets :
Morphée avait touché le seuil de ce palais.
10   L'Ami couché s'étonne, il prend sa bourse, il s'arme ;
Vient trouver l'autre et dit : « Il vous arrive peu
De courir quand on dort[2] ; vous me paraissiez homme
À mieux user du temps destiné pour le somme :
N'auriez-vous point perdu tout votre argent au jeu ?
15   En voici : s'il vous est venu quelque querelle,
J'ai mon épée, allons. Vous ennuyez-vous point
De coucher toujours seul ? une esclave assez belle
Était à mes côtés : voulez-vous qu'on l'appelle ?
     — Non, dit l'ami, ce n'est ni l'un ni l'autre point :
20   Je vous rends grâce de ce zèle.
Vous m'êtes, en dormant, un peu triste apparu ;
J'ai craint qu'il ne fût vrai[3] ; je suis vite accouru.
       Ce maudit songe en est la cause. »
Qui d'eux aimait le mieux ? que t'en semble, Lecteur ?
25   Cette difficulté vaut bien qu'on la propose.

---

1. *Monomotapa* : Eldorado africain conquis par les Portugais au xvie siècle, situé le long du canal de Mozambique et sur les rives du Zambèze. Le mot porte la connotation d'une terre lointaine, inaccessible, voire imaginaire.

2. *De courir quand on dort* : quand c'est le moment de dormir.

3. *qu'il ne fût vrai* : que cela *ne fût vrai*.

Qu'un ami véritable est une douce chose.
Il cherche vos besoins au fond de votre cœur ;
    Il vous épargne la pudeur[1]
    De les lui découvrir lui même.
    Un songe, un rien, tout lui fait peur
    Quand il s'agit de ce qu'il aime.

30

---

1. *pudeur* : embarras.

LE TORRENT ET LA RIVIÈRE

(Livre viii, fable 23)

Avec grand bruit et grand fracas
Un Torrent tombait des montagnes :
Tout fuyait devant lui ; l'horreur suivait ses pas ;
Il faisait trembler les campagnes.
5   Nul voyageur n'osait passer
Une barrière si puissante :
Un seul vit des voleurs, et, se sentant presser[1],
Il mit entre eux et lui cette Onde menaçante.
Ce n'était que menace et bruit sans profondeur :
10   Notre homme enfin n'eut que la peur.
Ce succès lui donnant courage,
Et les mêmes voleurs le poursuivant toujours,
Il rencontra sur son passage
Une Rivière dont le cours,
15   Image d'un sommeil doux, paisible et tranquille,
Lui fit croire d'abord[2] ce trajet fort facile.
Point de bords escarpés, un sable pur et net.
Il entre, et son cheval le met
À couvert des voleurs, mais non de l'onde noire :
20   Tous deux au Styx allèrent boire ;
Tous deux, à nager malheureux[3],
Allèrent traverser, au séjour ténébreux,
Bien d'autres fleuves que les nôtres.
Les gens sans bruit sont dangereux ;
25   Il n'en est pas ainsi des autres.

---

1. *presser* : serrer, se mettre si près d'une personne qu'on l'incommode.

2. *d'abord* : aussitôt, immédiatement.

3. *à nager malheureux* : incapables de nager.

LE LOUP ET LE CHASSEUR

(Livre VIII, fable 27)

Fureur d'accumuler, monstre de qui les yeux
Regardent comme un point[1] tous les bienfaits des Dieux,
Te combattrai-je en vain sans cesse, en cet ouvrage?
Quel temps[2] demandes-tu pour suivre mes leçons?
5   L'homme, sourd à ma voix comme à celle du sage,
Ne dira-t-il jamais: «C'est assez, jouissons»?
Hâte-toi mon ami; tu n'as pas tant à vivre.
Je te rebats ce mot; car il vaut tout un livre:
Jouis. — Je le ferai. — Mais quand donc? — Dès demain.
10   — Eh! mon ami, la mort te peut prendre en chemin.
Jouis dès aujourd'hui, redoute un sort semblable
À celui du Chasseur et du Loup de ma fable.
Le premier, de son arc, avait mis bas[3] un daim.
Un faon de biche passe, et le voilà soudain
15   Compagnon du défunt; tous deux gisent sur l'herbe.
La proie était honnête; un daim avec un faon,
Tout modeste Chasseur en eût été content:
Cependant un sanglier, monstre énorme et superbe,
Tente encor notre archer, friand de tels morceaux.
20   Autre habitant du Styx: la Parque et ses ciseaux
Avec peine y mordaient; la déesse infernale
Reprit à plusieurs fois l'heure au monstre fatale.

---

1. *Regardent comme un point*: considèrent comme un détail.

2. *Quel temps*: quel délai.

3. *avait mis bas*: avait mis à bas, avait abattu.

De la force du Loup pourtant il s'abattit[1].
C'était assez de biens ; mais quoi, rien ne remplit[2]
25   Les vastes appétits d'un faiseur de conquêtes.
Dans le temps que le porc revient à soi, l'archer
Voit le long d'un sillon une perdrix marcher,
      Surcroît chétif[3] aux autres têtes.
De son arc toutefois il bande les ressorts.
30   Le sanglier, rappelant les restes de la vie,
Vient à lui, le découd, meurt vengé sur son corps :
      Et la perdrix le remercie.
Cette part du récit s'adresse au convoiteux[4] :
L'avare aura pour lui le reste de l'exemple.
35   Un Loup vit, en passant, ce spectacle piteux[5].
« Ô Fortune, dit-il, je te promets un temple.
Quatre corps étendus ! que de biens ! mais pourtant
Il faut les ménager, ces rencontres sont rares. »
      (Ainsi s'excusent les avares.)
40   « J'en aurai, dit le Loup, pour un mois, pour autant[6].
Un, deux, trois, quatre corps, ce sont quatre semaines,
Si je sais compter, toutes pleines.

---

1. *Autre habitant* [...] *s'abattit* : les Parques sont, dans la mythologie romaine, des déesses qui sont chargées de filer la destinée des mortels ; la première préside à la naissance, la deuxième au mariage et la troisième, dont il est question dans cette fable, tranche le fil de la vie. Elles sont ici associées au Styx, car elles habitent le royaume des morts. Dans ce vers, La Fontaine donne l'impression que c'est la Parque et non le chasseur qui livre bataille : d'abord, les *ciseaux* mordent, c'est-à-dire que la Parque attaque puis reprend *plusieurs fois* la bataille, car l'adversaire est coriace et il lui est difficile de couper le fil de sa vie (*l'heure au monstre fatale*).

2. *remplit* : satisfait pleinement, assouvit.

3. *Surcroît chétif* : ajout sans valeur aux autres bêtes.

4. *convoiteux* : (adjectif), qui convoite (Richelet, en 1680, précise que ce mot est presque disparu).

5. *piteux* : déplorable, misérable, malheureux.

6. *J'en aurai* [...] *pour un mois, pour autant* : avec autant (*pour autant*) de nourriture, le Loup en a pour au moins *un mois* à manger.

Commençons dans deux jours ; et mangeons cependant
La corde de cet arc ; il faut que l'on l'ait faite
De vrai boyau ; l'odeur me le témoigne assez. »
En disant ces mots, il se jette
Sur l'arc qui se détend, et fait de la sagette
Un nouveau mort ; mon Loup a les boyaux percés.
Je reviens à mon texte[1] : il faut que l'on jouisse ;
Témoin ces deux gloutons punis d'un sort commun :
La convoitise perdit l'un ;
L'autre périt par l'avarice.

45

50

---

1. *Je reviens à mon texte* : je reviens à mon propos initial.

Bouchet fecit

LE BICHON POUDRE'

« [...] ce n'est pas sur l'habit / Que la diversité me plaît [...] »
Bel exemple de courtisan ridicule, fat et prétentieux.
Le Bichon poudré, gravure au burin de Jean-Baptiste Bouchet
(actif de 1676 à 1714).

LE SINGE ET LE LÉOPARD

(Livre ix, fable 3)

Le Singe avec le Léopard
Gagnaient de l'argent à la foire :
Ils affichaient chacun à part.
L'un d'eux disait : « Messieurs, mon mérite et ma gloire
5   Sont connus en bon lieu ; le Roi m'a voulu voir ;
Et si je meurs il veut avoir
Un manchon de ma peau ; tant elle est bigarrée,
Pleine de taches, marquetée,
Et vergetée, et mouchetée. »
10   La bigarrure plaît ; partant chacun le vit.
Mais ce fut bientôt fait, bientôt chacun sortit.
Le Singe de sa part disait : « Venez de grâce,
Venez, Messieurs ; je fais cent tours de passe-passe.
Cette diversité dont on vous parle tant,
15   Mon voisin Léopard l'a sur soi seulement ;
Moi, je l'ai dans l'esprit : votre serviteur Gille[1],
Cousin et gendre de Bertrand[2],
Singe du Pape en son vivant,
Tout fraîchement en cette ville
20   Arrive en trois bateaux[3], exprès pour vous parler ;
Car il parle, on l'entend, il sait danser, baller,
Faire des tours de toute sorte,

---

1. *Gille* : nom d'un personnage du théâtre de foire que La Fontaine donne aussi à d'autres singes de ses fables.

2. *Bertrand* : nom donné par La Fontaine à d'autres singes.

3. *Arrive en trois bateaux* : arrive en grande pompe. Réminiscence de Rabelais, à l'arrivée grandiose de Grangousier (*Gargantua*, 1534).

Passer en des cerceaux ; et le tout pour six blancs[1] :
Non, Messieurs, pour un sou ; si vous n'êtes contents
25 Nous rendrons à chacun son argent à la porte. »
Le Singe avait raison ; ce n'est pas sur l'habit
Que la diversité me plaît, c'est dans l'esprit :
L'une fournit toujours des choses agréables ;
L'autre en moins d'un moment lasse les regardants.
30 Ô que de grands seigneurs au Léopard semblables,
        N'ont que l'habit pour tous talents !

---

1. *blancs* : monnaie dont le nom seul survivait, au XVIIe siècle, aux dires de Richelet. Six blancs correspondaient à deux sous et demi, c'est-à-dire à de la très petite monnaie.

L'HUÎTRE ET LES PLAIDEURS

(Livre ix, fable 9)

Un jour deux Pèlerins[1] sur le sable rencontrent
Une Huître que le flot y venait d'apporter :
Ils l'avalent des yeux, du doigt ils se la montrent ;
À l'égard de la dent il fallut contester.
5 L'un se baissait déjà pour amasser[2] la proie ;
L'autre le pousse, et dit : « Il est bon de savoir
     Qui de nous en aura la joie[3].
Celui qui le premier a pu l'apercevoir
En sera le gobeur ; l'autre le verra faire.
10   — Si par là l'on juge l'affaire,
Reprit son compagnon, j'ai l'œil bon, Dieu merci.
     — Je ne l'ai pas mauvais aussi,
Dit l'autre, et je l'ai vue avant vous, sur ma vie.
— Eh bien ! vous l'avez vue, et moi je l'ai sentie. »
15   Pendant tout ce bel incident,
Perrin Dandin[4] arrive : ils le prennent pour juge.
Perrin fort gravement ouvre l'Huître et la gruge,
     Nos deux Messieurs le regardant.
Ce repas fait, il dit d'un ton de président :
20 « Tenez, la cour vous donne à chacun une écaille
Sans dépens, et qu'en paix chacun chez soi s'en aille. »
Mettez ce qu'il en coûte[5] à plaider aujourd'hui ;

---

1. *Pèlerins* : voyageurs, sans aucun caractère religieux.

2. *amasser* : relever de terre ce qui est tombé, ramasser.

3. *la joie* : la jouissance.

4. *Perrin Dandin* : personnage tiré du *Tiers Livre* (1546) de Rabelais et qui personnifie la justice de son temps avec ses abus et ses formes solennelles. Le personnage a été repris par Racine dans *Les Plaideurs* (1668).

5. *Mettez ce qu'il en coûte* : notez, couchez par écrit, faites le calcul de *ce qu'il en coûte.*

Comptez ce qu'il en reste à beaucoup de familles ;
Vous verrez que Perrin tire l'argent à lui,
25   Et ne laisse aux Plaideurs que le sac et les quilles[1].

---

1. *Et ne laisse aux Plaideurs que le sac et les quilles* : laisser à quelqu'un *son sac et* ses *quilles* est une expression qui signifie « lui laisser les outils du jeu et son étui, mais pas l'enjeu » (Cayrou). C'est donc ne lui laisser rien qui vaille, pire « lui donner congé, le chasser » (Richelet).

LE CHAT ET LE RENARD

(Livre ix, fable 14)

Le Chat et le Renard, comme beaux petits saints,
    S'en allaient en pèlerinage.
C'étaient deux vrais tartufs[1], deux archipatelins[2]
Deux francs patte-pelus[3] qui des frais du voyage,
5   Croquant mainte volaille, escroquant maint fromage,
    S'indemnisaient à qui mieux mieux.
Le chemin étant long, et partant ennuyeux,
    Pour l'accourcir ils disputèrent.
    La dispute est d'un grand secours;
10   Sans elle on dormirait toujours.
    Nos pèlerins s'égosillèrent.
Ayant bien disputé, l'on parla du prochain.
    Le Renard au Chat dit enfin:
    « Tu prétends être fort habile,
15 En sais-tu tant que moi? J'ai cent ruses au sac.
   — Non, dit l'autre; je n'ai qu'un tour dans mon bissac[4]
    Mais je soutiens qu'il en vaut mille. »
Eux de recommencer la dispute à l'envi.
Sur le que si, que non, tous deux étant ainsi,
20   Une meute apaisa la noise.
Le Chat dit au Renard: « Fouille en ton sac, ami:
    Cherche en ta cervelle matoise
Un stratagème sûr: pour moi, voici le mien. »

---

1. *tartufs*: tartuffes.

2. *archipatelins*: néologisme créé par La Fontaine inspiré d'une farce du Moyen Âge dans laquelle Patelin incarne un personnage fourbe qui ne cesse de duper les gens.

3. *patte-pelus*: le dictionnaire de l'Académie de 1694 définit ce mot en parlant d'un homme qui arrive adroitement à ses fins, sous des apparences de douceur et d'humilité. Le pluriel est une initiative de La Fontaine.

4. *bissac*: désigne un sac fendu en long par le milieu (*bis*) et dont les extrémités forment deux poches (*sac*).

À ces mots sur un arbre il grimpa bel et bien.
25   L'autre fit cent tours inutiles,
Entra dans cent terriers, mit cent fois en défaut[1]
   Tous les confrères de Brifaut[2].
   Partout il tenta des asiles;
   Et ce fut partout sans succès;
30 La fumée[3] y pourvut ainsi que les bassets.
Au sortir d'un terrier, deux chiens aux pieds agiles
   L'étranglèrent du premier bond.
Le trop d'expédients peut gâter une affaire;
On perd du temps au choix, on tente, on veut tout faire.
35   N'en ayons qu'un, mais qu'il soit bon.

---

1. *mit cent fois en défaut*: expression de chasse qui signifie que les chiens ont cent fois perdu la trace du renard.

2. *Brifaut*: nom de chien de meute; vient de *brefer*, « manger avidement, bouffer ». Le mot désigne aussi un chien gourmand.

3. *La fumée*: à la chasse à courre, on enfumait le renard dans son terrier pour le faire sortir.

LE MARI, LA FEMME ET LE VOLEUR

(LIVRE IX, FABLE 15)

Un Mari fort amoureux,
Fort amoureux de sa femme,
Bien qu'il fût jouissant se croyait malheureux.
Jamais œillade de la Dame,
5   Propos flatteur et gracieux,
Mot d'amitié ni doux sourire,
Déifiant le pauvre Sire,
N'avaient fait soupçonner[1] qu'il fût vraiment chéri ;
Je le crois, c'était un Mari.
10   Il ne tint point à l'hyménée
Que content de sa destinée
Il n'en remerciât les Dieux[2] ;
Mais quoi ? Si l'amour n'assaisonne
Les plaisirs que l'hymen nous donne,
15   Je ne vois pas qu'on en soit mieux[3].
Notre épouse étant donc de la sorte bâtie,
Et n'ayant caressé son mari de sa vie,
Il en faisait sa plainte une nuit. Un voleur
Interrompit la doléance.
20   La pauvre Femme eut si grand'peur
Qu'elle chercha quelque assurance
Entre les bras de son Époux.

---

1. *soupçonner* : deviner, douter.

2. *Il ne tint point* [...] *les Dieux* (vers 10 à 12) : le mari ne trouva pas (*tint point*) dans l'union conjugale sans amour (*hyménée*) de quoi remercier *les Dieux* de son sort (*de sa destinée*).

3. *Mais quoi ?* [...] *soit mieux* (vers 13 à 15) : en effet, une relation conjugale sans *amour* n'améliore pas le sort d'un mari (*on en soit mieux*).

« Ami Voleur, dit-il, sans toi ce bien si doux
Me serait inconnu ; prends donc en récompense
25   Tout ce qui peut chez nous être à ta bienséance :
Prends le logis aussi. » Les voleurs ne sont pas
    Gens honteux, ni fort délicats :
    Celui-ci fit sa main[1]. J'infère de ce conte
    Que la plus forte passion
30   C'est la peur ; elle fait vaincre l'aversion ;
Et l'amour quelquefois ; quelquefois il la dompte :
    J'en ai pour preuve cet amant,
Qui brûla sa maison pour embrasser sa Dame,
    L'emportant à travers la flamme :
35   J'aime assez cet emportement ;
Le conte m'en a plu toujours infiniment :
    Il est bien d'une âme espagnole[2],
    Et plus grande encore que folle.

---

1. *fit sa main* : fit un gain ou un profit injuste.

2. *une âme espagnole* : La Fontaine veut ainsi faire comprendre que la chaleur, la passion associée au tempérament des Espagnols n'est pas déraisonnable (*folle*, au dernier vers), mais digne (*grande*).

LA TORTUE ET LES DEUX CANARDS

(Livre x, fable 2)

Une Tortue était[1], à la tête légère,
Qui, lasse de son trou, voulut voir le pays.
Volontiers on fait cas d'une terre étrangère :
Volontiers gens boiteux haïssent le logis.

5   Deux Canards, à qui la **Commère**
      Communiqua ce beau dessein,
Lui dirent qu'ils avaient de quoi la satisfaire :
      « Voyez-vous ce large chemin ?
Nous vous voiturerons, par l'air en Amérique.

10   Vous verrez mainte[2] **république**,
Maint royaume, maint peuple ; et vous profiterez
Des différentes mœurs que vous remarquerez.
Ulysse en fit autant. » On ne s'attendait guère
      De voir Ulysse en cette affaire.

15   La Tortue écouta la proposition.
Marché fait, les Oiseaux **forgent** une **machine**
      Pour transporter la **Pèlerine**.
Dans la gueule en travers on lui passe un bâton.
« Serrez bien, dirent-ils ; gardez de[3] lâcher prise. »

20   Puis chaque Canard prend ce bâton par un bout.
La Tortue **enlevée**, on s'étonne partout
      De voir aller en cette **guise**
      L'animal lent et sa maison,
Justement[4] au milieu de l'un et l'autre Oison[5].

---

1. *Une Tortue était* : tournure ancienne pour « Il était une fois une Tortue ».

2. *mainte* : voir Introduction, Grammaire, 5, p. 9.

3. *gardez de* : abstenez-vous de, veillez à ne pas.

4. *Justement* : juste, exactement.

5. *Oison* : au sens propre, désigne le petit de l'oie. Or, il s'agit ici de canards. La désignation apparaît approximative et évoque plutôt l'idée de gros oiseau.

25 « Miracle, criait-on ; venez voir dans les nues
Passer la reine des Tortues.
— La reine : vraiment oui ; je la suis **en effet** ;
Ne vous en moquez point. » Elle eût beaucoup mieux fait
De passer son chemin sans dire aucune chose ;
30 Car lâchant le bâton en desserrant les dents,
Elle tombe, elle **crève** aux pieds des regardants[1].
Son **indiscrétion** de sa perte fut cause.
Imprudence, **babil**, et sotte vanité,
Et **vaine** curiosité
35 Ont ensemble étroit parentage[2] ;
Ce sont enfants tous d'un **lignage**.

« [...] venez voir dans les nues / Passer la reine des Tortues. »
La Tortue et les deux Canards (A 2-101 : Livre X, fable 2)
des *Fables* de La Fontaine, illustrées par Gustave Doré (1832-1883).

Bibliothèque Municipale de Valenciennes – Photo François Leclercq.

---

1. *regardants* : voir Introduction, Grammaire, 1, e, p. 8.

2. *Ont ensemble étroit parentage* : appartiennent à la même famille, ont des liens étroits entre eux.

L'ENFOUISSEUR ET SON COMPÈRE
(LIVRE X, FABLE 4)

Un Pince-maille[1] avait tant amassé
Qu'il ne savait où loger sa finance.
L'avarice, compagne et sœur de l'ignorance,
Le rendait fort embarrassé
Dans le choix d'un dépositaire ;
Car il en voulait un, et voici sa raison.
« L'objet[2] tente ; il faudra que ce monceau s'altère[3],
Si je le laisse à la maison :
Moi-même de mon bien je serai le larron.
— Le larron ? quoi jouir, c'est se voler soi-même !
Mon ami, j'ai pitié de ton erreur extrême ;
Apprends de moi cette leçon :
Le bien n'est bien qu'en tant que l'on s'en peut défaire.
Sans cela c'est un mal. Veux-tu le réserver
Pour un âge et des temps qui n'en ont plus que faire ?
La peine d'acquérir, le soin de conserver,
Ôtent le prix à l'or qu'on croit si nécessaire[4]. »
Pour se décharger d'un tel soin,
Notre homme eût pu trouver des gens sûrs au besoin ;
Il aima mieux la terre, et prenant son Compère,

---

1. *Pince-maille* : avare, grippe-sous. Mot formé avec *maille*, petite monnaie de cuivre valant un demi-denier.

2. *objet* : ce qui est proposé à notre vue ou ce qui se présente à notre imagination. Dans ce cas-ci, le trésor du Pince-maille.

3. [...] *il faudra que ce monceau s'altère* : le verbe *falloir* agit ici comme auxiliaire et a le sens de quelque chose d'inévitable, d'immanquable. Autrement dit, l'avare de la fable dit que son trésor, s'il le laisse à la maison, sera de plus en plus gros et, de ce fait, deviendra objet de convoitise.

4. Nous avons choisi de placer les vers 7 à 17 entre guillemets pour mettre en lumière que le narrateur La Fontaine, des vers 10 à 17, intervient dans la réflexion de l'Enfouisseur comme s'il lui donnait la réplique.

Celui-ci l'aide : ils vont enfouir le trésor.
Au bout de quelque temps, l'Homme va voir son or :
      Il ne retrouva que le gîte.
Soupçonnant à bon droit le Compère, il va vite
25   Lui dire : « Apprêtez-vous[1] ; car il me reste encor
Quelques deniers ; je veux les joindre à l'autre masse. »
Le Compère aussitôt va remettre en sa place
      L'argent volé, prétendant bien
Tout reprendre à la fois sans qu'il y manquât rien.
30   Mais pour ce coup l'autre fut sage :
Il retint tout chez lui, résolu de jouir,
      Plus n'entasser, plus n'enfouir :
Et le pauvre voleur, ne trouvant plus son gage[2],
      Pensa tomber de sa hauteur.
35   Il n'est pas malaisé de tromper un trompeur.

---

1. *Apprêtez-vous* : préparez-vous à me suivre.

2. *gage* : objet mis en dépôt et sur lequel on croit pouvoir compter. Ici, le voleur croyait pouvoir récupérer le trésor de l'autre, et le considérait sans doute comme le sien (*son gage*).

LE LOUP ET LES BERGERS

(LIVRE X, FABLE 5)

Un Loup rempli d'humanité
(S'il en est de tels dans le monde)
Fit un jour sur sa cruauté,
Quoiqu'il ne l'exerçât que par nécessité,
5   Une réflexion profonde.
« Je suis haï, dit-il, et de qui ? de chacun.
      Le loup est l'ennemi commun :
Chiens, chasseurs, villageois, s'assemblent pour sa perte ;
Jupiter est là-haut étourdi de leurs cris :
10 C'est par là que de loups l'Angleterre est déserte[1] :
      On y mit notre tête à prix.
      Il n'est hobereau qui ne fasse
      Contre nous tels bans publier :
      Il n'est marmot osant crier
15 Que du loup aussitôt sa mère ne menace.
      Le tout pour un âne rogneux[2],
Pour un mouton pourri[3], pour quelque chien hargneux,
      Dont j'aurai passé mon envie.
Eh bien, ne mangeons plus de chose ayant eu vie :
20 Paissons l'herbe, broutons, mourons de faim plutôt :
      Est-ce une chose si cruelle ?
Vaut-il mieux s'attirer la haine universelle ? »
Disant ces mots il vit des Bergers pour leur rôt

---

1. *C'est par là que de loups l'Angleterre est déserte* : c'est pour cela que (*c'est par là que*)
   l'Angleterre est déserte : allusion à l'extermination des loups par le roi Edgar, au xe siècle.

2. *rogneux* : atteint de la *rogne*, maladie, sorte de gale. Autrement dit, tout cela pour
   un âne atteint de la gale, pour pas grand-chose en somme.

3. *pourri* : nom d'une maladie propre au mouton.

« [...] nous sommes l'abrégé de ce qu'il y a de bon et de mauvais dans les créatures irraisonnables. » (Préface aux *Fables*, 1668). Gravure de Simoneau, d'après les dessins de Charles Le Brun (1619-1690), *Têtes et yeux d'hommes dans leurs rapports avec des têtes et yeux d'animaux.*

Bibliothèque nationale de France / Cliché : 56 B 17888.

Mangeants un agneau cuit en broche.

25 « Oh, oh, dit-il, je me reproche

Le sang de cette gent ; voilà ses gardiens

S'en repaissants eux et leurs chiens ;

Et moi Loup j'en ferai scrupule ?

Non, par tous les Dieux non ; je serais ridicule.

30 Thibault l'agnelet passera[1],

Sans qu'à la broche je le mette[2] ;

Et non seulement lui, mais la mère qu'il tette,

Et le père qui l'engendrera. »

Ce Loup avait raison : est-il dit qu'on nous voie

35 Faire festin de toute proie,

Manger les animaux, et nous les réduirons

Aux mets de l'âge d'or[3] autant que nous pourrons ?

Ils n'auront ni croc ni marmite ?

Bergers, Bergers, le Loup n'a tort

40 Que quand il n'est pas le plus fort :

Voulez-vous qu'il vive en ermite ?

---

1. *Thibault l'agnelet passera* : allusion au berger qui, dans la *Farce de maître Pathelin*, volait les moutons de son maître. *Passer* veut dire « sera mangé ».

2. *Sans qu'à la broche je le mette* : sans qu'il soit apprêté ; il le mangera donc tout cru.

3. *âge d'or* : temps heureux d'une civilisation où l'homme se nourrissait des fruits de la terre.

LE CHIEN À QUI ON A COUPÉ LES OREILLES

(LIVRE X, FABLE 8)

« Qu'ai-je fait, pour me voir ainsi
Mutilé par mon propre maître?
Le bel état où me voici!
Devant les autres chiens oserai-je paraître?
5 Ô rois des animaux, ou plutôt leurs tyrans,
Qui vous feraient choses pareilles[1]? »
Ainsi criait Mouflar[2], jeune dogue; et les gens,
Peu touchés de ses cris douloureux et perçants,
Venaient de lui couper sans pitié les oreilles.
10 Mouflar y croyait perdre: il vit avec le temps
Qu'il y gagnait beaucoup; car étant de nature
À piller[3] ses pareils, mainte mésaventure
L'aurait fait retourner chez lui
Avec cette partie en cent lieux altérée:
15 Chien hargneux a toujours l'oreille déchirée[4].
Le moins qu'on peut laisser de prise aux dents d'autrui
C'est le mieux. Quand on n'a qu'un endroit à défendre,
On le munit[5], de peur d'esclandre:
Témoin maître Mouflar armé d'un gorgerin[6];
20 Du reste ayant d'oreille autant que sur ma main;
Un loup n'eût su par où le prendre.

---

1. *Qui vous feraient choses pareilles?*: que diriez-vous si l'on vous faisait des choses pareilles?

2. *Mouflar*: qui a une grosse face. Le mot est construit à partir de *moufle*, forme ancienne de *mufle*.

3. *piller*: action des chiens qui se jettent sur les animaux ou sur les personnes.

4. *Chien hargneux a toujours l'oreille déchirée*: proverbe déjà existant au temps de La Fontaine.

5. *munit*: du latin *munire*, « fortifier » (terme militaire).

6. *gorgerin*: partie inférieure d'un casque servant à protéger le cou. Par analogie, La Fontaine désigne ici un large collier hérissé de clous.

LE LOUP ET LE RENARD

(Livre xi, fable 6)

Mais d'où vient qu'au Renard Ésope accorde un point ?
C'est d'exceller en tours pleins de matoiserie[1].
J'en cherche la raison, et ne la trouve point.
Quand le Loup a besoin de défendre sa vie,
5   Ou d'attaquer celle d'autrui,
         N'en sait-il pas autant que lui ?
Je crois qu'il en sait plus, et j'oserais peut-être
Avec quelque raison contredire mon maître.
Voici pourtant un cas où tout l'honneur échut
10   À l'hôte des terriers. Un soir il aperçut
La lune au fond d'un puits ; l'orbiculaire image
         Lui parut un ample fromage.
         Deux seaux alternativement
         Puisaient le liquide élément.
15   Notre Renard, pressé par une faim canine,
S'accommode en celui qu'au haut de la machine
         L'autre seau tenait suspendu[2].
         Voilà l'animal descendu,
         Tiré d'erreur ; mais fort en peine,
20   Et voyant sa perte prochaine.
Car comment remonter, si quelque autre affamé
         De la même image charmé,
         Et succédant à sa misère,
Par le même chemin ne le tirait d'affaire ?
25   Deux jours s'étaient passés sans qu'aucun vînt au puits ;

---

1. *matoiserie* : finesse de matou, fourberie (Furetière).

2. *S'accommode en celui* [...] *tenait suspendu* : s'installe commodément dans le *seau* du haut que l'autre *seau*, dans le puits, *tenait* jusqu'alors *suspendu*.

Le temps qui toujours marche avait pendant deux nuits
   Échancré selon l'ordinaire
De l'astre au front d'argent la face circulaire.
   Sire Renard était désespéré.
30   Compère Loup, le gosier altéré,
   Passe par là ; l'autre dit : «Camarade,
Je veux vous régaler ; voyez-vous cet objet ?
C'est un fromage exquis, le dieu Faune[1] l'a fait,
   La vache Io donna le lait.
35   Jupiter, s'il était malade,
Reprendrait l'appétit en tâtant[2] d'un tel mets.
   J'en ai mangé cette échancrure,
   Le reste vous sera suffisante pâture.
Descendez dans un seau que j'ai mis là exprès. »
40 Bien qu'au moins mal qu'il pût il ajustât l'histoire,
   Le Loup fut un sot de le croire :
Il descend, et son poids emportant l'autre part,
   Reguinde[3] en haut maître Renard.
Ne nous en moquons point : nous nous laissons séduire
45   Sur aussi peu de fondement ;
   Et chacun croit fort aisément
   Ce qu'il craint, et ce qu'il désire.

---

1. *Faune* : dieu qui préside aux bois et aux troupeaux.

2. *tâtant* : *tâter* est, au XVIIe siècle, le mot propre et précis pour «goûter».

3. *Reguinde* : remonte.

LE VIEILLARD ET LES TROIS JEUNES HOMMES

(Livre xi, fable 8)

Un Octogénaire plantait.
« Passe encor de bâtir ; mais planter à cet âge ! »
Disaient trois jouvenceaux, enfants du voisinage ;
Assurément il radotait.
5 « Car, au nom des Dieux, je vous prie,
Quel fruit de ce labeur pouvez-vous recueillir ?
Autant qu'un patriarche il vous faudrait vieillir.
À quoi bon charger votre vie
Des soins d'un avenir qui n'est pas fait pour vous ?
10 Ne songez désormais qu'à vos erreurs passées :
Quittez le long espoir et les vastes pensées ;
Tout cela ne convient qu'à nous.
— Il ne convient pas à vous-même,
Repartit le Vieillard. Tout établissement [1]
15 Vient tard et dure peu. La main des Parques [2] blêmes
De vos jours, et des miens se joue également.
Nos termes sont pareils par leur courte durée.
Qui de nous des clartés de la voûte azurée
Doit jouir le dernier ? Est-il aucun moment
20 Qui vous puisse assurer d'un second seulement ?
Mes arrière-neveux me devront cet ombrage :
Eh bien ! défendez-vous au sage
De se donner des soins pour le plaisir d'autrui ?
Cela même est un fruit que je goûte aujourd'hui :
25 J'en puis jouir demain, et quelques jours encore :
Je puis enfin compter l'aurore
Plus d'une fois sur vos tombeaux. »

---

1. *établissement* : toute installation définitive.

2. *Parques* : voir la note 1 de la fable *Le Loup et le Chasseur* (Livre VIII, 27), p. 76.

Le Vieillard eut raison ; l'un des trois jouvenceaux
Se noya dès le port allant à l'Amérique :
L'autre, afin de monter aux grandes dignités,
Dans les emplois de Mars servant la République,
Par un coup imprévu vit ses jours emportés :
    Le troisième tomba d'un arbre
    Que lui-même il voulut enter ;
Et pleurés du Vieillard, il grava sur leur marbre
    Ce que je viens de raconter.

À Monseigneur le duc de Bourgogne, qui avait demandé à M. de La Fontaine une fable qui fût nommée

LE CHAT ET LA SOURIS[1]

Pour plaire au jeune Prince à qui la Renommée
    Destine un temple en mes écrits,
Comment composerais-je une fable nommée
    Le Chat et la Souris?

5   Dois-je représenter dans ces vers une Belle
Qui, douce en apparence, et toutefois cruelle,
Va se jouant des cœurs que des charmes ont pris,
    Comme le Chat et la Souris?

Prendrai-je pour sujet les jeux de la Fortune?
10   Rien ne lui convient mieux, et c'est chose commune
Que de lui voir traiter ceux qu'on croit ses amis,
    Comme le Chat fait la Souris.

Introduirai-je un Roi qu'entre ses favoris
Elle respecte seul[2], Roi qui fixe sa roue[3];
15   Qui n'est point empêché[4] d'un monde d'ennemis,
Et qui des plus puissants quand il lui plaît se joue
    Comme le Chat de la Souris?

---

1. *Le Chat et la Souris*: cette fable, dont la forme est inspirée du chant royal (ballade de cinq strophes, chacune se terminant par un refrain), est une sorte de dédicace ou de préface à la fable suivante, *Le vieux Chat et la jeune Souris*, et ne porte pas de numéro.

2. *Elle respecte seul*: la *Fortune* ne favorise que quelques-uns.

3. *Roi qui fixe sa roue*: dans la tradition, c'est Dieu qui fixe la *roue* de la Fortune, mais dans ce XVIIe siècle empreint de pouvoir monarchique, c'est Louis XIV (*Roi*).

4. *empêché (de)*: embarrassé (par).

Mais insensiblement, dans le tour[1] que j'ai pris,
Mon dessein se rencontre[2]; et si je ne m'abuse
20 Je pourrais tout gâter par de plus longs récits.
Le jeune Prince alors se jouerait de ma Muse
     Comme le Chat de la Souris.

---

1. *le tour* : la manière de traiter le sujet.

2. *se rencontre* : se réalise.

LE VIEUX CHAT ET LA JEUNE SOURIS

(Livre xii, fable 5)

Une jeune Souris, de peu d'expérience
Crut fléchir un vieux Chat, implorant sa clémence,
Et payant de raisons[1] le Raminagrobis[2]:
    «Laissez-moi vivre; une Souris
5   De ma taille et de ma dépense
    Est-elle à charge en ce logis?
    Affamerais-je, à votre avis,
    L'hôte, l'hôtesse, et tout leur monde?
    D'un grain de blé je me nourris;
10   Une noix me rend toute ronde.
À présent je suis maigre; attendez quelque temps;
Réservez ce repas à Messieurs vos enfants.»
Ainsi parlait au Chat la Souris attrapée.
    L'autre lui dit: «Tu t'es trompée.
15 Est-ce à moi que l'on tient de semblables discours?
Tu gagnerais autant de parler à des sourds.
Chat et vieux pardonner? cela n'arrive guères.
    Selon ces lois, descends là-bas[3],
    Meurs, et va-t-en, tout de ce pas,

---

1. *payant de raisons*: comme «payer de mensonges», expressions qui, dans chacun des cas, sous-entend que celui qui a été payé a été dupe.

2. *Raminagrobis*: pour Rabelais, dans le *Tiers Livre* (1546), c'est un vieux poète; selon Voiture, c'est le «prince des chats». «On appelle *Raminagrobis* un maître matou» (Richelet).

3. *là-bas*: aux enfers.

20   Haranguer les sœurs filandières[1].
     Mes enfants trouveront assez d'autres repas. »
          Il tint parole ; et, pour ma fable,
     Voici le sens moral qui peut y convenir :
     La jeunesse se flatte, et croit tout obtenir.
25   La vieillesse est impitoyable.

---

1. *sœurs filandières* : référence aux Parques. Voir la note 1 de la fable *Le Loup et le Chasseur* (Livre VIII, 27), p. 76.

LE CERF MALADE

(Livre xii, fable 6)

En pays pleins de cerfs un Cerf tomba malade.
Incontinent maint camarade
Accourt à son grabat le voir, le secourir,
Le consoler du moins ; multitude importune.
5   « Eh ! Messieurs, laissez-moi mourir.
Permettez qu'en forme commune [1]
La Parque m'expédie, et finissez vos pleurs. »
Point du tout : les consolateurs
De ce triste devoir tout au long s'acquittèrent ;
10   Quand il plut à Dieu s'en allèrent.
Ce ne fut pas sans boire un coup,
C'est-à-dire sans prendre un droit de pâturage.
Tout se mit à brouter les bois du voisinage.
La pitance du Cerf en déchut de beaucoup.
15   Il ne trouva plus rien à frire [2].
D'un mal il tomba dans un pire,
Et se vit réduit à la fin
À jeûner et mourir de faim.
Il en coûte à qui vous réclame,
20   Médecins du corps et de l'âme.
Ô temps, ô mœurs ! J'ai beau crier,
Tout le monde se fait payer.

---

1. *en forme commune* : selon la façon d'agir, de parler, de se conduire en usage, selon
les règles établies. Autrement dit : permettez que, selon les *usages*, la *Parque* vienne
prendre ma vie (pour le sens du mot *Parque*, voir la note 1 de la fable *Le Loup
et le Chasseur* [Livre VIII, 27], p. 76).

2. *à frire* : à manger.

LOVYS · DE · FRANCE ·
D'AVPHIN ·

La Fontaine a dédicacé ses fables à des gens en étroit lien avec Louis XIV :
en 1668, à Louis de France (1661-1711), dit le Grand Dauphin, son fils ;
en 1678, à Madame de Montespan (1641-1707), sa maîtresse ; en 1692,
à Louis de France, duc de Bourgogne (1682-1712), son petit-fils.

Ci-dessus, portrait en buste du Grand Dauphin, dessiné à la sanguine
en 1668 par Nicolas de Larmessin, d'après un tableau de
Charles Beaubrun.

Appendice

LA LIGUE DES RATS[1]
(FABLE NON CLASSÉE)

Une Souris craignait un Chat
Qui dès longtemps la guettait au passage.
Que faire en cet état ? Elle, prudente et sage,
Consulte son voisin : c'était un maître Rat,
5   Dont la rateuse[2] seigneurie
S'était logée en bonne hôtellerie,
Et qui cent fois s'était vanté, dit-on,
De ne craindre de chat ou chatte
Ni coup de dent, ni coup de patte.
10 « Dame Souris, lui dit ce fanfaron,
Ma foi, quoi que je fasse,
Seul je ne puis chasser le Chat qui vous menace ;
Mais assemblant tous les Rats d'alentour,
Je lui pourrai jouer d'un mauvais tour. »
15   La Souris fait une humble révérence,
Et le Rat court en diligence
À l'office, qu'on nomme autrement la dépense,
Où maints Rats assemblés
Faisaient, aux frais de l'hôte, une entière bombance.
20   Il arrive les sens troublés,
Et les poumons tout essoufflés.

---

1. Cette fable, publiée en 1692 et dont on critique la paternité à La Fontaine, a un caractère politique. Louis XIV avait entrepris une campagne militaire contre la Hollande. L'allusion à cet événement est renforcée par le vers 33 où il est question de fromage (les Hollandais étaient, même à cette époque, reconnus comme producteurs de fromage).

2. *rateuse* : le néologisme semble de La Fontaine, qui se serait lui-même inspiré de Marot (*rateusement*).

« Qu'avez-vous donc ? lui dit un de ces Rats. Parlez.
— En deux mots, répond-il, ce qui fait mon voyage[1],
C'est qu'il faut promptement secourir la Souris,
25   Car Raminagrobis[2]
     Fait en tous lieux un étrange ravage.
       Ce Chat, le plus diable des chats,
S'il manque de Souris, voudra manger des Rats. »
Chacun dit : « Il est vrai. Sus, sus courons aux armes. »
30 Quelques Rates, dit-on, répandirent des larmes.
N'importe, rien n'arrête un si noble projet ;
       Chacun se met en équipage ;
Chacun met dans son sac un morceau de fromage ;
Chacun promet enfin de risquer le paquet[3].
35   Ils allaient tous comme à la fête,
      L'esprit content, le cœur joyeux.
      Cependant le Chat, plus fin qu'eux,
    Tenait déjà la Souris par la tête.
      Ils s'avancèrent à grands pas
40   Pour secourir leur bonne amie :
      Mais le Chat qui n'en démord pas,
Gronde et marche au-devant de la troupe ennemie.
       À ce bruit, nos très prudents Rats,
       Craignant mauvaise destinée,
45 Font, sans pousser plus loin leur prétendu fracas,
       Une retraite fortunée.
      Chaque Rat entre dans son trou ;
Et si quelqu'un en sort, gare encore le Matou !

---

1. *ce qui fait mon voyage* : la raison de mon voyage.

2. *Raminagrobis* : voir la note 2 de la fable *Le vieux Chat et la jeune Souris* (Livre XII, 5), p. 101.

3. *risquer le paquet* : façon de parler triviale : « hasarder le paquet, s'engager dans une affaire douteuse après avoir hésité » (*Dictionnaire de l'Académie*).

LE RENARD ET L'ÉCUREUIL[1]

(Fable non classée)

Il ne faut jamais se moquer des misérables,
Car qui peut s'assurer d'être toujours heureux?
Le sage Ésope dans ses fables
Nous en donne un exemple ou deux;
5   Je ne les cite point, et certaine chronique

Portrait de Nicolas Foucquet (1615-1680) par Robert Nanteuil.

Bibliothèque nationale de France / Cliché : D 143290.

---

1. Cette fable, dont certains contestent aussi la paternité à La Fontaine, ferait allusion au
surintendant Foucquet qui fut destitué par Louis XIV au début de son règne. L'écureuil était l'animal emblématique de Foucquet dont La Fontaine fut un des protégés;
ce dernier prit sa défense contre le roi lui-même, ce qui lui valut d'être mis en marge
de la cour. Cette fable fut inédite jusqu'en 1861.

M'en fournit un plus authentique.
Le Renard se moquait un jour de l'Écureuil
Qu'il voyait assailli d'une forte tempête :
« Te voilà, disait-il, près d'entrer au cercueil
10   Et de ta queue en vain tu te couvres la tête.
          Plus tu t'es approché du faîte,
Plus l'orage te trouve en butte à tous ses coups.
Tu cherchais les lieux hauts et voisins de la foudre :
Voilà ce qui t'en prend ; moi qui cherche des trous,
15   Je ris, en attendant que tu sois mis en poudre. »
          Tandis qu'ainsi le Renard se gabait[1],
              Il prenait maint pauvre poulet
                  Au gobet[2] ;
Lorsque l'ire du Ciel à l'Écureuil pardonne :
20   Il n'éclaire plus, ni ne tonne ;
          L'orage cesse ; et le beau temps venu,
              Un chasseur ayant aperçu
Le train de ce Renard autour de sa tanière :
              « Tu paieras, dit-il, mes poulets. »
25   Aussitôt nombre de bassets
              Vous fait déloger le compère.
              L'Écureuil l'aperçoit qui fuit
              Devant la meute qui le suit.
              Ce plaisir ne lui dure guère,
30   Car bientôt il le voit aux portes du trépas.
              Il le voit ; mais il n'en rit pas,
              Instruit par sa propre misère.

---

1. *se gabait* : se moquait.
2. *gobet* : « terme populaire qui ne se dit que dans cette phrase : *prendre un homme au gobet* pour dire au gosier, au collet, l'emprisonner » (Furetière).

Étude de trois fables

Deuxième partie

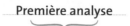
Le Loup et le Chien
(LIVRE I, FABLE 5)

PETIT LEXIQUE PRÉPARATOIRE
À LA COMPRÉHENSION DE LA FABLE

Nous vous suggérons de chercher dans le *Nouveau Petit Robert* les mots en caractères gras dont vous auriez intérêt à vous méfier. Cette recherche vous aidera à mieux comprendre la fable, en saisissant notamment certaines nuances de la langue française du XVIIᵉ siècle, en apparence proche de la nôtre, mais qui nous réserve parfois des surprises. Ce faisant, remarquez bien l'étymologie des mots et notez le moment de leur apparition dans la langue. Voici ce que votre recherche pourrait mettre à jour. La présentation des mots qui suivent reproduit celle du *Nouveau Petit Robert*.

DOGUE (v. 3) — 1392 ; angl. *dog*, « chien ». Chien de garde trapu, à grosse tête, à fortes mâchoires, au museau écrasé.

POLI (v. 4) :
    1. POLI — 1580 ; « cultivé » ; fin du XIIᵉ, « élégant » ; de *polir*, fig. avec l'influence du latin classique *politus*. 1. VX Cultivé et mondain. (XVIIᵉ) Policé et civilisé. 2. (XVIIᵉ) MOD. Dont le comportement, le langage sont conformes aux règles de la politesse.
    2. POLI — XIIᵉ ; de *polir*. Lisse et brillant (ici en parlant de son poil).
    Le texte reste ambigu sur le sens que La Fontaine voulait donner à ce mot. La polysémie est ici intéressante, car ce qualificatif désignerait autant un aspect moral que physique.

SE FOURVOYER (v. 4) — XIIᵉ ; de *fors* et *voie*. Mettre hors de la voie, détourner du bon chemin. V. PRON. : Se perdre.
    Quoique le verbe soit employé dans la fable dans sa forme pronominale, il est permis de penser que le Chien était sorti de sa voie, de son chemin. Les deux sens seraient ici acceptables.

MÉGARDE (v. 4) — xiie; du verbe *mesgarder*, de *més-* et *garder*. 1. vx Faute d'attention. 2. mod. par mégarde : par inattention, sans le vouloir.

SIRE (v. 6) — 1080; en parlant de *Dieu*, x^e, lat. *senior*. vx Titre féodal donné à certains seigneurs. – Titre honorifique que prenaient les bourgeois par plaisanterie.

MÂTIN (v. 8) — *Mastin*, xiie; latin populaire *masetinus*, de *mansuetinus*, du latin classique *mansuetus* « apprivoisé », de *manere*, « rester ». Grand et gros chien de garde ou de chasse.

EMBONPOINT (v. 12) — 1528; de *en bon point*, « en bon état ». 1. vx Bonne santé, aspect de bonne santé. 2. État d'un corps bien en chair, un peu gras.

CANCRE (v. 17) — 1265; « crabe, cancer »; latin, *cancer*. vx (xviie) Miséreux.

HÈRE (v. 17) — xvie; peut-être de l'allemand *Herr*, « seigneur », emploi ironique ou de *haire*, par métonymie*. vx Homme misérable.

LIPPÉE (v. 19) — 1316; du néerlandais *lippe*, « lèvre ». 1. vx Bouchée. 2. vx Bon repas qui ne coûte rien.

COMPLAIRE (v. 25) — 1373; latin *complacere*; d'après *plaire*. Complaire à qqn : lui être agréable en s'accommodant à ses goûts, à son humeur, à ses sentiments.

FORCE (v. 27) — V. Adv. de quantité force (qqch.). vx ou littér. Beaucoup de.

RELIEF (v. 27) — 1050; de *relever*, « enlever, relever ». vx Ce qu'on enlève d'une table servie (au pluriel). Reste.

FÉLICITÉ (v. 30) — XIIIᵉ; latin *felicitas*, de *felix*, « heureux ». 1. LITTÉR., RELIG. Bonheur sans mélange, généralement calme et durable.

MAÎTRE (v. 41) — *maistre*, 1080; latin *magister*. I. Personne qui exerce une domination. [...] 5. ÊTRE MAÎTRE, MAÎTRESSE DE SOI; ÊTRE SON MAÎTRE: être libre et indépendant, n'avoir d'autre maître que soi-même. [...] III. (XIIIᵉ) Titre. 1. VX (suivi du nom et du prénom) Titre donné autrefois familièrement aux hommes qu'on ne pouvait appeler « Monsieur » [...].

Le mot est employé deux fois dans la fable. Au vers 25 (*Flatter ceux du logis, à son maître complaire*) et au vers 41 (*Cela dit, maître Loup s'enfuit, et court encor*). Nous avons séparé les deux sens associés à chacun des emplois. En effet, quand le Chien parle de son maître, c'est bien du sien qu'il parle, de celui qui a autorité sur lui (sens I), tandis qu'au vers 41, ce maître est pour ainsi dire maître de lui-même, et c'est la notion de liberté du Loup qui ressort (sens 5).

ANALYSE DE LA FABLE

Puisqu'il s'agit ici d'analyser une première fable, vous ne trouverez que les éléments essentiels des réponses, souvent sans les preuves, toujours sans les explications. Il vous appartient de formuler vos réponses dans des phrases complètes. Afin de vous guider dans cette tâche, la réponse complète à la première question de chacune des trois approches vous est donnée dans une forme plus achevée.

PREMIÈRE APPROCHE : COMPRENDRE LE TEXTE

Les questions qui suivent visent à bien saisir le sens général du texte et plus particulièrement le sens de certains mots, tournures, courts passages ou constructions syntaxiques. Certaines questions pourraient être reprises plus loin, de manière à vous permettre d'atteindre une compréhension plus fine, plus nuancée, plus intégrée du texte.

1. *Cherchez dans le dictionnaire les définitions de* loup *et de* chien. *Relevez ensuite, dans les vers 1 à 9, les mots qui désignent les deux personnages, tant sur le plan physique que psychologique. Qu'en concluez-vous?*

• **Les définitions**

Chien, chienne [...] I, 1. Mammifère (*carnivores*; *canidés*) issu du loup, dont l'homme a domestiqué et sélectionné par hybridation de nombreuses espèces.

Loup [...] Mammifère [...] qui ne diffère d'un grand chien que par son museau pointu, ses oreilles toujours droites et sa queue touffue pendante.

Ces définitions soulignent la parenté étroite entre les deux animaux.

• **Le relevé**

Caractéristiques	Le Chien	Le Loup
Plan physique	• *un Dogue aussi puissant que beau* (v. 3) • *Gras, poli* (v. 4) • *Et le Mâtin était de taille* (v. 8)	• *les os et la peau* (v. 1) • *Sire Loup* (v. 6)
Plan psychologique	• *Poli* (v. 4) • *hardiment* (v. 9)	• *L'attaquer* [...] *volontiers* (v. 5-6)

• **Les conclusions**

Le Loup:

— *Plan physique*: maigre (v. 1).
— *Plan psychologique*: de nature sauvage et violente (v. 5), mais prudent (la forme hypothétique du subjonctif plus-que-parfait du verbe *faire* [*eût fait*] le confirme) et méfiant

à la vue du *Dogue* (v. 7-9). *Sire* servait à désigner un souverain, et aussi, au temps de La Fontaine, par plaisanterie, un bourgeois. Étant donné le contexte, le mot prend une connotation ironique : le Loup prend conscience qu'il ne peut jouer le matamore royal. Le Loup royal va se transformer en humble sujet.

Le Chien :
— *Plan physique* : fort, beau, gras, poil luisant (v. 3-4, 8-9). Il s'agit là d'un colosse car un *Dogue*, *gras* qui est un *Mâtin de taille*, c'est beaucoup de mots pour insister sur la grosseur de ce chien. Les mots soulignent sa puissance et justifient que le Loup n'ait point donné suite à sa voracité et à sa férocité naturelles (v. 5-6).
— *Plan psychologique* : il est dans son tort et peut-être sur la défensive (v. 4), d'où sa politesse. On remarquera le double sens du mot *poli* (v. 4) ; la corpulence du Dogue autorise le Loup à penser que le Chien peut *se défendre hardiment* (v. 9).

2. *Que gardent les chiens et à quoi veillent-ils ?*

Les chiens gardent la ferme et veillent à ce que les loups n'y entrent pas.

3. *Où le Loup et le Chien vivent-ils et où se rencontrent-ils ?*

a) Le Loup appartient à la forêt.
b) Le Chien vit vraisemblablement à la campagne, probablement dans une ferme.
c) La rencontre se fait non loin d'un bois.

4. *Indiquez ce qui amène le Chien et le Loup à se rencontrer.*

La fable dit que le Chien *s'était fourvoyé par mégarde* (v. 4).

5. *Pourquoi le Loup aborde-t-il le Chien humblement (v. 10) ?*

Parce qu'il est maigre.

6. *Le Chien invite le Loup à* **quitte[r]** *les bois (v. 15) parce que ses pareils y sont misérables (v. 16). Selon le Chien, comment vivent ces animaux?*

Ils mènent une vie de misère. Rien de facile pour ces animaux, car ce n'est qu'au prix de combats incessants que ces derniers gagnent leur maigre pitance.

7. *Que devrait faire le Loup pour gagner son salaire? En quoi consiste ce salaire?*

Pour devenir chien, la tâche à accomplir est minime en regard des bienfaits escomptés. Il s'agira de chasser les pauvres et de courtiser les maîtres, contre une grasse rémunération.

8. *Quel mot déclenche l'argumentation du Chien?*

embonpoint (v. 12).

9. *Par quelle expression le texte indique-t-il que le Loup s'est laissé séduire par le discours du Chien?*

Chemin faisant (v. 32).

10. *Quel mot fera que le Loup ne suivra pas le Chien?*

attaché (v. 34).

DEUXIÈME APPROCHE : ANALYSER LE TEXTE

Ici, les questions approfondissent celles de l'étape précédente et surtout abordent les aspects formels du texte. Elles permettent d'en révéler et d'en évaluer les sous-entendus, en montrant, par exemple, le rôle de la ponctuation ou du temps des verbes, en faisant voir la portée d'une figure de style, la force d'une argumentation, l'effet de la tonalité* dominante du texte, etc. C'est aussi l'occasion de faire des liens entre fond et forme, de faire saisir en somme ce qui fait le propre du texte littéraire.

11. *Expliquez pourquoi et de quelle manière le Loup décide de* **livrer bataille** *(v. 7) au Chien en relevant le champ lexical s'y rapportant.*

La description physique des personnages prouve bien que le Loup n'est pas de taille ; il ne peut donc se battre et décide alors de changer sa manière de faire. Il est à noter que c'est le Loup qui parle le premier : les paroles sont rapportées par le narrateur qui mentionne l'humble attitude du Loup (ce qui n'est pas son habitude, mais sa maigreur lui commande ce changement de comportement). Le Loup ne l'attaque donc pas, mais *l'aborde* (v. 10), verbe plus approprié aux règles de la civilité. La « bataille » se livre donc par le langage, car le Loup *entre en propos* (v. 11), expression peut-être inventée par La Fontaine lui-même, laquelle évoque le monde de la parole et du courtisan.

12. *Que suggère le titre ? Quel rapport peut-on établir spontanément entre les deux animaux ? Vérifiez votre réponse en comparant les deux définitions du dictionnaire (voir la réponse à la question 1).*

Il y aura un affrontement entre les deux héros, pourtant lointains cousins.

13. *À quelle classe sociale appartiennent les personnages ?*

a) **Le Chien** : il est sans doute en relation avec une classe sociale élevée. Mais malgré le bon traitement dont il bénéficie, il reste un esclave, complètement dépendant du *maître* (v. 25). Le Chien appartient au monde des domestiques : c'est un serviteur.

b) **Le Loup** : il appartient au monde de la forêt, le territoire dont il est le seigneur. En dépit du fait qu'il soit l'*hère* (v. 17) dont parle le Chien, malgré qu'il soit maigre et qu'il souffre de la faim, il demeure le prince qui ne perd pas son sens pratique.

14. *Analysez le dialogue des vers 32 à 40. Faites valoir les moyens employés par La Fontaine pour montrer le revirement de situation.*

- Le vers 33 compte quatre répliques : le dialogue s'accélère entre un Loup devenu tout à coup suspicieux et interrogateur, et un Chien qui veut en dire le moins possible.

• Le vers 34 s'ouvre sur une pressante insistance :

— Le Loup poursuit son interrogatoire : ...
— Au milieu du vers, le mot : ...
— Placé à la toute fin, le mot fatal : ...

15. *Examinez les temps de verbe que le Chien emploie pour convaincre le Loup (v. 12-29), et expliquez leur fonction.*

• **Le futur de l'indicatif** : le discours du Chien repose sur un éventuel bien-être. Le Loup n'emploie qu'une seule fois un verbe au futur.

• **L'impératif présent** : c'est le temps de l'exhortation, presque de la supplique.

• **Le présent de l'indicatif** : c'est le temps de la conversation.

• **L'infinitif présent** : il correspond à la liste de ce que le Chien et le Loup, si celui-ci accepte, doivent faire pour obtenir des avantages agréables.

16. *La Fontaine prétend, dans sa préface à l'édition des six premiers livres de fables de 1668, qu'en fait ses petits textes seraient mieux appelés « apologues ». Chaque apologue comporterait « deux parties, dont on peut appeler l'une le corps, l'autre l'âme. Le corps est la fable ; l'âme, la moralité ». Indiquez ces deux parties dans* **Le Loup et le Chien**, *et précisez qui assume la narration de chacune.*

Vers 1 à 40 : la fable

L'histoire est en fait racontée par le narrateur qui assume la majeure partie des paroles du Loup, puis vient le dialogue où le Chien tient une place prépondérante.

Vers 38 à 41 : la morale

Il y a chevauchement de la fable et de la morale. Au dernier vers (v. 41), retour au narrateur.

Les questions qui suivent visent à amener le lecteur à établir des relations entre divers éléments du texte et, par déduction, à proposer des interprétations. Dans un premier temps, elles présentent des réflexions sur l'ensemble du texte, autour d'une problématique esquissée aux approches précédentes. Dans un deuxième temps, elles visent à établir des liens entre le texte analysé et d'autres extraits de l'œuvre (Comparaison avec d'autres fables), puis elles proposent une incursion dans d'autres textes du même auteur ou d'auteurs différents (Comparaison avec une autre œuvre). Cette capacité de tisser des liens émane d'une compréhension profonde du texte, servie par une sensibilité aiguë, et développe une quête permanente de cohérence de même qu'une recherche d'intégration culturelle, elle-même en constante évolution. Ici encore seule la première question propose une réponse achevée.

17. *Montrez en quoi, comment et pourquoi le Loup s'oppose au Chien en ce qu'il est un être de silence, alors que son vis-à-vis est un être de parole.*

    Le Loup, être de silence : un peu comme les paysans, le Loup parle peu, mais réfléchit beaucoup ; il écoute les beaux parleurs et arrive même à se laisser tenter par eux. Il a malheureusement parlé en premier, se voyant en difficulté ; de ce fait, il a mis les pieds sur le véritable terrain du Chien, celui de la parole. Mais le silencieux est fin observateur et plus tard, quand il parlera, il poursuivra un but simple, qu'il n'abandonnera pas facilement. C'est lui qui clôt la fable, laissant son adversaire sans réponse, avant de rompre définitivement le contact avec lui.

    Le Chien, être de parole : dans son tort, le Chien est trop heureux de tomber sur un Loup qui l'entraîne sur le terrain de la parole. Il brille alors de tous ses feux et l'éblouit ; la mécanique de sa rhétorique est bien huilée. Pris en flagrant délit d'omission de faits, il parle le moins possible, ou de manière alambiquée.

18. *Montrez en quoi, comment et pourquoi le Loup reste un être de nature, alors que le Chien se révèle un être de culture.*

Le Loup, un être de nature : il sort de la forêt, vit seul, parle peu. Lorsqu'il parle, il est direct, sans nuances ni circonvolutions. Le Loup est un seigneur.

Le Chien, un être de culture : il est domestiqué, vit avec ses semblables et les humains, vient d'une ferme ou d'un village, parle beaucoup, maîtrise la rhétorique et l'ironie. Le Chien est un serviteur.

Comparaison avec d'autres fables

19. Le Loup et le Chien *et* Le Singe et le Léopard *(IX, 3) sont quatre personnages de parole. Montrez en quoi ils sont pourtant différents.*

Personnages actifs	*Personnages passifs*
Le Chien : il parle beaucoup, mène l'action et tente de séduire le Loup.	**Le Loup** : il écoute et surveille, se laisse presque séduire, mais finit par remarquer la faille du Chien.
Le Singe : il parle aussi beaucoup, mais son argumentation repose sur une variété de tours.	**Le Léopard** : il parle aussi, mais son discours est vite épuisé, car il n'a rien à montrer.

20. *Montrez comment le Loup et le futur mari* (L'Homme entre deux âges, et ses deux Maîtresses, *I, 17) vivent, d'une certaine manière, la même aventure.*

Cette fable raconte l'histoire d'un choix. Un homme veut se marier ; deux femmes se présentent : la première, jeune, et la seconde, plus âgée. Celles-ci tentent, selon leur âge, de transformer le bonhomme : l'une de le rajeunir, l'autre de le vieillir. Chacune veut que son amant soit à son propre goût.

Ce qui rapproche cette fable de *Le Loup et le Chien*, c'est que, dans les deux cas, on essaie de transformer la nature profonde d'un personnage.

Comparaison avec une autre œuvre

Né en 1628 et mort en 1703, **Charles Perrault** fut un ami de La Fontaine. En 1697, il publia anonymement *Histoires ou Contes du temps passé*, aussi appelés *Contes de ma mère l'Oye*, où l'on peut lire des récits aussi célèbres que *La Belle au bois dormant*, *La Barbe bleue*, *Cendrillon*, *Le Petit Poucet* et, bien sûr, *Le Petit Chaperon rouge*.

Le Petit Chaperon rouge

Il était une fois une petite fille de village, la plus jolie qu'on eût su voir ; sa mère en était folle, et sa mère-grand plus folle encore. Cette bonne femme lui fit faire un petit **chaperon** rouge, qui lui seyait[1] si bien, que partout on l'appelait le Petit Chaperon rouge.

Un jour sa mère, ayant cuit et fait des galettes, lui dit :

« Va voir comme se porte ta mère-grand, car on m'a dit qu'elle était malade, porte-lui une galette et ce petit pot de beurre. » Le Petit Chaperon rouge partit aussitôt pour aller chez sa mère-grand, qui demeurait dans un autre village. En passant dans un bois elle rencontra **compère** le Loup, qui eut bien envie de la manger ; mais il n'osa, à cause de quelques bûcherons qui étaient dans la forêt. Il lui demanda où elle allait ; la pauvre enfant, qui ne savait pas qu'il est dangereux de s'arrêter à écouter un loup, lui dit :

« Je vais voir ma mère-grand, et lui porter une galette avec un petit pot de beurre que ma mère lui envoie.

— Demeure-t-elle bien loin ? lui dit le Loup.

— Oh ! oui, dit le Petit Chaperon rouge, c'est par-delà le moulin que vous voyez tout là-bas, là-bas, à la première maison du village.

---

1. *seyait* : allait.

— Hé bien, dit le Loup, je veux l'aller voir aussi[1]; je m'y en vais par ce chemin ici, et toi par ce chemin-là, et nous verrons qui plus tôt y sera[2]. »

Le Loup se mit à courir de toute sa force par le chemin qui était le plus court, et la petite fille s'en alla par le chemin le plus long, s'amusant à cueillir des noisettes, à courir après des papillons, et à faire des bouquets des petites fleurs qu'elle rencontrait. Le Loup ne fut pas longtemps à arriver à la maison de la mère-grand ; il heurte[3] : Toc, toc.

« Qui est là ?

— C'est votre fille le Petit Chaperon rouge (dit le Loup, en contrefaisant sa voix) qui vous apporte une galette et un petit pot de beurre que ma mère vous envoie. »

La bonne mère-grand, qui était dans son lit à cause qu'elle se trouvait un peu mal, lui cria :

« Tire la chevillette, la bobinette cherra[4]. » Le Loup tira la chevillette, et la porte s'ouvrit. Il se jeta sur la bonne femme, et la dévora en moins de rien ; car il y avait plus de trois jours qu'il n'avait mangé. Ensuite, il ferma la porte, et s'alla coucher dans le lit de la mère-grand, en attendant le Petit Chaperon rouge, qui quelque temps après vint heurter la porte. Toc, toc.

« Qui est là ? »

Le Petit Chaperon rouge, qui entendit la grosse voix du Loup, eut peur d'abord, mais croyant que sa mère-grand était enrhumée, répondit :

---

1. *je veux l'aller voir aussi* : moi aussi, je veux aller la voir. Voir Introduction, Grammaire, 3, p. 9.

2. *qui plus tôt y sera* : qui arrivera le premier.

3. *il heurte* : il frappe à la porte.

4. *cherra* : du verbe *choir*, au futur : tombera.

« C'est votre fille le Petit Chaperon rouge, qui vous
50   apporte une galette et un petit pot de beurre que ma mère
vous envoie. »

Le Loup lui cria en adoucissant sa voix :

« Tire la chevillette et la bobinette cherra. »

Le Petit Chaperon rouge tira la chevillette, et la porte
55   s'ouvrit. Le Loup, la voyant entrer, lui dit en se cachant
dans le lit sous la couverture :

« Mets la galette et le petit pot de beurre sur la huche,
et viens te coucher avec moi. »

Le Petit Chaperon rouge se déshabille, et va se mettre
60   dans le lit, où elle fut bien étonnée de voir comment sa
mère-grand était faite en son **déshabillé**. Elle lui dit :

« Ma mère-grand, que vous avez de grands bras !

— C'est pour mieux t'embrasser, ma fille.

— Ma mère-grand, que vous avez de grandes jambes !
65   — C'est pour mieux courir, mon enfant.

— Ma mère-grand, que vous avez de grandes oreilles !

— C'est pour mieux écouter, mon enfant.

— Ma mère-grand, que vous avez de grands yeux !

— C'est pour mieux voir, mon enfant.
70   — Ma mère-grand, que vous avez de grandes dents !

— C'est pour mieux te manger. »

Et en disant ces mots, ce méchant Loup se jeta sur le
Petit Chaperon rouge, et la mangea.

Moralité

75   On voit ici que de jeunes enfants,

Surtout de jeunes filles

Belles, bien faites, et gentilles,

Font très mal d'écouter toute sorte de gens,

Et que ce n'est pas chose étrange,
80   S'il en est tant que le loup mange[1].

---

1. *S'il en est tant que le loup mange* : s'il y a autant de jeunes filles que le loup mange.

Je dis le loup, car tous les loups
Ne sont pas de la même sorte ;
Il en est d'une **humeur** accorte,
Sans bruit, sans fiel, et sans courroux,
Qui privés [1], complaisants et doux,
Suivent les jeunes Demoiselles
Jusque dans les maisons, jusque dans les **ruelles** ;
Mais hélas ! qui ne sait que ces Loups doucereux
De tous les loups sont les plus dangereux.

85

PETIT LEXIQUE PRÉPARATOIRE

Nous vous suggérons de chercher dans le *Nouveau Petit Robert* les mots en caractères gras dont vous auriez intérêt à vous méfier. Cette recherche vous aidera à mieux comprendre le conte de Perrault, en saisissant notamment certaines nuances de la langue française du XVIIᵉ siècle, en apparence proche de la nôtre, mais qui nous réserve parfois des surprises. Ce faisant, remarquez bien l'étymologie des mots et notez le moment de leur apparition dans la langue. Voici ce que votre recherche pourrait mettre à jour. La présentation des mots qui suivent reproduit celle du *Nouveau Petit Robert*.

CHAPERON (l. 4) — 1190 ; de *chape*, « capuchon ». ANCIENNT 1. Coiffure à bourrelet et à queue. Bande d'étoffe (coiffure de femme) ; capuchon. [...] 3. (1690) COUR. Personne (généralement d'un âge respectable) qui accompagne une jeune fille ou une jeune femme par souci des convenances.

Perrault, qui a publié ce conte en 1697, joue manifestement sur les deux sens. En effet, *chaperon* sert à nommer la petite fille du conte, mais indique également le lien entre les deux personnages. Le Loup, loin d'être son chaperon, est son bourreau. La connotation sexuelle

---

1. *privés* : familiers.

qui est dans le conte de Perrault est ici appuyée par la couleur rouge de ce chaperon. Cette couleur renvoie au désir, et même au sang versé (nous l'imaginons) dans la scène de meurtre et de viol.

COMPÈRE (l. 11) — 1175 ; lat. ecclésiastique *compater*, « père avec ». [...] 1. FAM. et VIEILLI Terme d'amitié : ami, camarade.

De qui le Loup est-il le compère ? Du Petit Chaperon rouge ? Le narrateur nous le présente d'abord sous son meilleur jour. Dans le *Dictionnaire historique de la langue française*, on note que ce mot a le sens de « voisin ». Est-ce une forme d'ironie de la part de Perrault ?

DÉSHABILLÉ (l. 61) — 1627 ; de *déshabiller*. VX Tenue légère que l'on porte chez soi dans l'intimité.

Le Petit Chaperon rouge est-elle étonnée de voir que sa mère-grand porte un déshabillé ou, comme le texte semble le suggérer, est-elle *étonnée de voir comment sa mère-grand* [en réalité le Loup] *était faite en son déshabillé* (l. 60-61) ? Quand le Petit Chaperon rouge rejoint sa mère-grand dans le lit, le texte dit qu'elle se déshabille, ce qui confirme la connotation érotique du texte.

HUMEUR (l. 83) — 1179 ; « liquide » ; lat. *humor*, « liquide ». II, 1. Ensemble des dispositions, des tendances dominantes qui forment le tempérament, le caractère (et que l'on attribuait, autrefois, à la composition, au rapport des humeurs du corps).

RUELLE (l. 87) — ruile, 1138 ; diminutif de *rue*. 1. Petite rue étroite. 2. (XVe) Espace entre le lit et le mur ou espace entre deux lits. HIST. LITT. Au XVIIe siècle, les alcôves, les chambres à coucher où certaines femmes de haut rang recevaient, et qui devinrent des salons mondains et littéraires.

Manifestement, Perrault joue encore sur les deux sens d'un même mot, ici *ruelle*. En considérant le second sens, on peut dire qu'il vise dans ce cas particulièrement les mondains, les libertins, les précieuses qui abusent de la permission qu'on leur accorde.

PETITE ANALYSE COMPARATIVE

1. *Montrez les ressemblances et les différences entre le Loup de Perrault et celui de La Fontaine.*

Ressemblances	Différences
• Ils sont tous les deux affamés. • Ils habitent la forêt. • Ils se méfient. • Ils essaient tous les deux de tromper leur adversaire. • Ils usent tous les deux de la parole pour séduire leur adversaire.	• Le Loup de Perrault est prêt à tout pour arriver à ses fins, mais celui de La Fontaine : … • Le Loup de Perrault est sans doute lubrique, mais celui de La Fontaine est plutôt : … • Le Loup de Perrault cache son identité et entretient l'ambiguïté, mais celui de La Fontaine : … • Chez Perrault, l'affrontement se fait entre des gens de sexe, de nature et d'âge différents. Chez La Fontaine : …

2. *Qu'ont en commun, en particulier sur le plan formel, le conte et la fable ?*

Le conte et la fable s'adressent à un vaste public. La moralité est commune aux deux formes littéraires. Conte et fable sont des récits familiers à la narration souvent rythmée. Le temps est irréel et imaginaire dans les deux cas, et les lieux à la fois concrets et impossibles à situer.

La Tortue et les deux Canards
(Livre x, fable 2)

PETIT LEXIQUE PRÉPARATOIRE
À LA COMPRÉHENSION DE LA FABLE

Nous vous suggérons de chercher dans le *Nouveau Petit Robert* les mots en caractères gras dont vous auriez intérêt à vous méfier. Cette recherche vous aidera à mieux comprendre la fable, en saisissant notamment certaines nuances de la langue française du XVIIe siècle, en apparence proche de la nôtre, mais qui nous réserve parfois des surprises. Ce faisant, remarquez bien l'étymologie des mots et notez le moment de leur apparition dans la langue.

ANALYSE DE LA FABLE

Puisqu'il s'agit ici d'analyser une deuxième fable, vous ne trouverez que des amorces de réponse aux questions posées. Vous devrez les développer, les nuancer et les justifier, en vous appuyant systématiquement sur le texte ; des points de suspension vous y invitent plus fortement.

PREMIÈRE APPROCHE : COMPRENDRE LE TEXTE

Les questions qui suivent visent à bien saisir le sens général du texte et plus particulièrement le sens de certains mots, tournures, courts passages ou constructions syntaxiques. Certaines questions pourraient être reprises plus loin, de manière à vous permettre d'atteindre une compréhension plus fine, plus nuancée, plus intégrée du texte.

1. *Quel est le projet de la Tortue ? Quelle en est la motivation ? Quel rôle joue-t-il dans l'histoire ? Que pense le narrateur de ce projet ? Ne vous appuyez que sur les vers 1 à 4 pour répondre.*
   - Son projet : …
   - La raison de ce projet : …
   - Ce projet est le déclencheur de l'histoire.
   - Le narrateur donne son avis dans le premier vers : …
   - Il le commente aux vers 3 et 4 : …

2. *Sur quel continent les Canards veulent-ils transporter la Tortue ? Sur quel continent l'histoire se déroule-t-elle ? La destination vous semble-t-elle réaliste du point de vue des Canards et de la Tortue ? Nuancez votre réponse en distinguant la nature de l'une et des autres.*

- La destination proposée : …
- Le point de départ : on peut penser que c'est celui de l'auteur, l'Europe.
- Destination réaliste pour les Canards car : …
- Destination irréaliste pour la Tortue car : …

3. *Qui est Ulysse ? Quel lien les Canards établissent-ils entre Ulysse et la Tortue ? Montrez comment le narrateur exprime la naïveté de la Tortue aux vers 13 et 14. Indiquez le ton (voir tonalité*) adopté par le narrateur.*

- Ulysse est le héros d'Homère, voyageur du récit : …
- Comme la Tortue, il a vu : …
- N'importe qui aurait trouvé excessifs les propos des Canards, mais pas la Tortue car : …
- Le narrateur feint l'étonnement, mais en réalité : …

4. *Dressez le champ lexical des mots désignant ou décrivant la Tortue et les Canards. Dans le cas de la Tortue, associez chacun à un adjectif de votre choix qualifiant bien ce qu'on pense d'elle. Dans le cas des Canards, expliquez les appellations.*

Tortue	Canards
• *tête légère* (v. 1) : étourdie • *lasse de son trou* (v. 2) : insatisfaite • *Pèlerine* (v. 17) : ridicule, fate • *animal lent* (v. 23) : … • *reine des Tortues* (v. 26) : … • *reine* (v. 27) : … • *indiscrétion* (v. 32) : …	• *Oiseaux* (v. 16) : … • *Oison* (v. 24) : …

Tortue	Canards
• *Imprudence* (v. 33) : … • *babil* (v. 33) : … • *sotte vanité* (v. 33) : … • *vaine curiosité* (v. 34) : …	

5. **Que désignent les deux Canards par l'expression large chemin (v. 8) ? À quels mots du vers 2 cela fait-il écho et à quel mot du même vers s'oppose-t-il ?**

   • *large chemin* : la voie des airs.
   • Fait écho à : …
   • S'oppose à : …

6. **Pourquoi la Tortue est-elle tombée ? Donnez la cause (objective) et le motif (subjectif).**

   • La cause : voir le vers 30.
   • Le motif : …

7. **Quel est le ton (voir tonalité*) des termes suivants dans leur contexte : ce beau dessein (v. 6), la Pèlerine (v. 17), Elle eût beaucoup mieux fait/De passer son chemin [...] (v. 28-29) ? Expliquez-en la signification dans leur contexte.**

   • *ce beau dessein* : le ton est ironique ou moqueur ; *beau* veut dire ici « stupide ».
   • *la Pèlerine* : le ton est encore une fois moqueur et ironique, car : …
   • *Elle eût beaucoup mieux fait/De passer son chemin* : ici, le ton est : …

DEUXIÈME APPROCHE : ANALYSER LE TEXTE

Ici, les questions approfondissent celles de l'étape précédente et surtout abordent les aspects formels du texte. Elles permettent d'en révéler et d'en évaluer les sous-entendus, en montrant, par exemple, le rôle de la ponctuation ou du temps des verbes, en faisant voir la portée d'une

figure de style, la force d'une argumentation, l'effet de la tonalité* dominante du texte, etc. C'est aussi l'occasion de faire des liens entre fond et
forme, de faire saisir en somme ce qui fait le propre du texte littéraire.

8. **Comparez le début des vers 16 et 21 de cette fable avec celui du**
vers 32 de Le Loup et le Chien (I, 5). Qu'ont en commun ces
trois extraits? Quel effet commun en résulte-t-il?

- *Marché fait* (v. 16) laisse entendre que la Tortue n'a pas mar-
  chandé ni ne s'est fait prier. La chose s'est rapidement conclue.
- *La Tortue enlevée* (v. 21) laisse entendre que: …
- *Chemin faisant* (v. 32) laisse entendre que: …
- Ces trois extraits ont en commun un sous-entendu qui crée un
  effet de rapidité; cette figure s'appelle une: …

9. **Au vers 31, expliquez l'effet obtenu par le rapprochement des**
deux verbes (tombe, crève). Comparez-en bien le sens avant de
répondre.

- Les deux verbes découpent la chute de la Tortue en deux
  moments: …
- La juxtaposition des deux verbes accentue l'effet de: …

10. **Trouvez, dans les vers 14 à 16, les mots de La Fontaine qui**
conviennent aux périphrases suivantes. Vous évaluerez ensuite
l'effet obtenu.

- La Tortue est passive: …
- Malgré l'exagération évidente du discours des Canards: …
- Et accepte la proposition sans discussion: …
- L'effet est toujours le même: …

11. **Quel est le thème dominant de cette fable? En cinq lignes, résumez**
l'histoire en conséquence.

- Le thème dominant de la fable tourne autour de l'attitude de la
  Tortue; on pourrait la qualifier de: …
- Le résumé: …

TROISIÈME APPROCHE : COMMENTER LE TEXTE

Les questions qui suivent visent à amener le lecteur à établir des relations entre divers éléments du texte et, par déduction, à proposer des interprétations. Dans un premier temps, elles présentent des réflexions sur l'ensemble du texte, autour d'une problématique esquissée aux approches précédentes. Dans un deuxième temps, elles visent à établir des liens entre le texte analysé et d'autres extraits de l'œuvre (Comparaison avec d'autres fables), puis elles proposent une incursion dans d'autres textes du même auteur ou d'auteurs différents (Comparaison avec une autre œuvre). Cette capacité de tisser des liens émane d'une compréhension profonde du texte, servie par une sensibilité aiguë, et développe une quête permanente de cohérence de même qu'une recherche d'intégration culturelle, elle-même en constante évolution.

12. *Montrez en quoi le propos des deux Canards tient du discours publicitaire. Faites une analyse commerciale de cette fable dans laquelle la Tortue joue le rôle du client et les deux Canards, celui du vendeur.*

   • La Tortue a exprimé son besoin : *voir le pays* (v. 2).
   • Les deux Canards apportent une réponse à ce besoin, fondée sur trois arguments :
      — argument 1 : ...
      — argument 2 : ...
      — argument 3 : ...

13. *Montrez que la sottise de la Tortue tient pour beaucoup à son incapacité à analyser le discours d'autrui.*

   • Elle n'écoute pas vraiment ce qu'on lui dit :
      — Elle n'écoute en fait que son désir : ...
      — Habiles, les Canards ont bien vu cela : ...
      — *La Tortue écouta la proposition* (v. 15), dit le narrateur, par antiphrase*, assurément, puisque : ...
   • La Tortue écoutera d'autant moins les propos des *regardants* (v. 31) qu'elle est maintenant devenue prétentieuse : ...

• L'orgueil associé à la sottise lui coûte la vie. La Tortue n'est pas forte en analyse littéraire.

14. *Montrez que les indices de tonalité* épique abondent dans les 15 premiers vers, mais cèdent le pas au burlesque* aux vers 16 à 28. Expliquez le changement de tonalité.*

• D'abord, qu'est-ce que l'épopée* ?
  — Comme genre, c'est un récit symbolique dans lequel le narrateur, épousant la cause du héros, exalte un sentiment, un désir, un rêve collectifs ; le lecteur peut facilement s'identifier à ce héros qui accomplit des choses extraordinaires et est souvent porté au pouvoir par le peuple.
  — C'est aussi une tonalité* : l'épopée fait souvent appel au merveilleux pour notamment vaincre les forces ennemies, souvent celles de la nature. Hyperbole*, simplification des caractères, récit, description et grandiloquence caractérisent le style épique.
• Les 15 premiers vers présentent des éléments épiques, mais dans un contexte caractérisé par le réalisme et l'ironie* :
  — Voici quelques éléments épiques : …
  — Mais cette tonalité est contredite par des traces d'ironie (voir la question 7) ;
  — elle est aussi contredite par des termes réalistes : …
• Ce climat épique, tempéré et dilué par le réalisme et l'ironie, se transforme en burlesque* aux vers 16 à 28. En voici quelques indices : …
• Ce changement progressif s'explique par l'effet recherché : …

Comparaison avec d'autres fables

15. *Que dire des classes sociales dans cette fable ? Comparez avec* **Les deux Amis** *(VIII, 11) et* **La Laitière et le Pot au lait** *(VII, 9). Quel thème La Fontaine privilégie-t-il dans ces deux dernières fables ?*

- Tortue, Canards, regardants sont de même condition : …
- *Les deux Amis* (VIII, 11) rappellent *La Tortue et les deux Canards* à cet égard : …
- La chose est un peu différente avec *La Laitière et le Pot au lait* (VII, 9) : …
- En fait, La Fontaine insiste plutôt sur le thème de : …

16. **Comparez cette fable avec une autre fable non étudiée :** La Laitière et le Pot au lait *(VII, 9).*

- Perrette et la Tortue cultivent toutes deux un rêve : …
- Le narrateur se moque de la Tortue, mais montre une sympathie certaine pour Perrette : …
- La Tortue a été imprévoyante, mais pas Perrette : …
- Il y a une progression lente et une chute rapide du rêve de Perrette ; mais aucune antithèse, aucun contraste, comme dans l'autre fable : …
- La tonalité burlesque* est absente de *La Laitière et le Pot au lait* ; s'y trouvent davantage :
  — une tonalité* onirique : …
  — un soupçon de tonalité* lyrique de la part du narrateur : …
  — beaucoup de tonalité argumentative (voir argumentatif*) dans la morale : …
- *La Tortue et les deux Canards* ressemble à l'idée commune qu'on se fait de La Fontaine, mais pas *La Laitière et le Pot au lait* : …

Comparaison avec une autre œuvre

Pierre Corneille (1606-1684) a écrit *Le Cid* en 1636. Cette pièce connut à l'époque un grand succès. On y rencontre Rodrigue, incarnation du héros épique.

Le Cid

Acte IV, scène 3, vers 1257 à 1329

Sous moi donc cette troupe s'avance,
Et porte sur le front une mâle assurance.
Nous partîmes cinq cents ; mais par un prompt renfort
1260   Nous nous vîmes trois mille en arrivant au port,
Tant, à nous voir marcher avec un tel visage,
Les plus épouvantés reprenaient de courage !
J'en cache les deux tiers, aussitôt qu'arrivés,
Dans le fond des vaisseaux qui lors furent trouvés ;
1265   Le reste, dont le nombre augmentait à toute heure,
Brûlant d'impatience, autour de moi demeure,
Se couche contre terre, et, sans faire aucun bruit,
Passe une bonne part d'une si belle nuit.
Par mon commandement la garde en fait de même,
1270   Et se tenant cachée, aide à mon stratagème ;
Et je feins hardiment d'avoir reçu de vous
L'ordre qu'on me voit suivre et que je donne à tous.
Cette obscure clarté qui tombe des étoiles
Enfin avec le flux nous fait voir trente voiles ;
1275   L'onde s'enfle dessous, et d'un commun effort
Les Maures et la mer montent jusques au port.
On les laisse passer ; tout leur paraît tranquille :
Point de soldats au port, point aux murs de la ville.
Notre profond silence abusant leurs esprits,
1280   Ils n'osent plus douter de nous avoir surpris ;
Ils abordent sans peur, ils ancrent, ils descendent,
Et courent se livrer aux mains qui les attendent.
Nous nous levons alors, et tous en même temps
Poussons jusques au ciel mille cris éclatants.
1285   Les nôtres, à ces cris, de nos vaisseaux répondent ;
Ils paraissent armés, les Maures se confondent,
L'épouvante les prend à demi descendus ;

Avant que de combattre ils s'estiment perdus.
Ils couraient au pillage et rencontrent la guerre ;
1290   Nous les pressons sur l'eau, nous les pressons sur terre
Et nous faisons courir des ruisseaux de leur sang,
Avant qu'aucun résiste ou reprenne son rang.
Mais bientôt, malgré nous, leurs princes les rallient ;
Leur courage renaît et leurs terreurs s'oublient :
1295   La honte de mourir sans avoir combattu
Arrête leur désordre et leur rend leur vertu.
Contre nous de pied ferme ils tirent leurs alfanges ;
De notre sang au leur font d'horribles mélanges ;
Et la terre, et le fleuve, et leur flotte, et le port,
1300   Sont des champs de carnage où triomphe la mort.
    Ô combien d'actions, combien d'exploits célèbres
Sont demeurés sans gloire au milieu des ténèbres,
Où chacun, seul témoin des grands coups qu'il donnait,
Ne pouvait discerner où le sort inclinait !
1305   J'allais de tous côtés encourager les nôtres,
Faire avancer les uns et soutenir les autres,
Ranger ceux qui venaient, les pousser à leur tour,
Et ne l'ai pu savoir jusques au point du jour.
Mais enfin sa clarté montre notre avantage :
1310   Le Maure voit sa perte, et perd soudain courage ;
Et voyant un renfort qui nous vient secourir,
L'ardeur de vaincre cède à la peur de mourir.
Ils gagnent leurs vaisseaux, ils en coupent les câbles,
Poussent jusques aux cieux des cris épouvantables,
1315   Font retraite en tumulte, et sans considérer
Si leurs rois avec eux peuvent se retirer.
Pour souffrir ce devoir leur frayeur est trop forte :
Le flux les apporta, le reflux les remporte,
Cependant que leurs rois, engagés parmi nous,
1320   Et quelque peu des leurs, tous percés de nos coups,
Disputent vaillamment et vendent bien leur vie.

À se rendre moi-même en vain je les convie :
Le cimeterre au poing, ils ne m'écoutent pas,
Mais voyant à leurs pieds tomber tous leurs soldats,

1325 Et que seuls désormais en vain ils se défendent,
Ils demandent le chef : je me nomme, ils se rendent.
Je vous les envoyai tous deux en même temps
Et le combat cessa faute de combattants.

C'est de cette façon que pour votre service...

~~~~~~~~~~~~~~~~~~

17. *Au temps de La Fontaine, le genre épique est associé aux plus hautes formes du langage (voir* **Contre ceux qui ont le goût difficile,** **II, 1).** *Montrez ce qui est épique par le fond (l'épopée*) et par la forme (la tonalité*) dans le récit de bataille raconté par Rodrigue, appelé aussi* **Le Cid,** *et comparez ce récit avec* **La Tortue et les deux Canards.** *Pour l'aspect épique, référez-vous à la question 14.*

Un récit épique (par le fond)

- Ici, le narrateur est le héros lui-même, responsable de la victoire collective : ...
- Le narrateur prend néanmoins le soin de souligner le caractère extraordinaire et héroïque des actions des siens : ...
- C'est un récit exemplaire et rassembleur pour les destinataires de 1636 :
  — il se fonde sur le passé collectif : ...
  — il confirme les valeurs du présent : ...

Une tonalité épique (par la forme)

- Ici, il y a absence de merveilleux, remplacé plutôt par : ...
- Les figures privilégiées sont : ...
- Il y a simplification des caractères dans l'évolution psychologique contrastée des bons et des méchants : ...
- Récit et description d'actions héroïques constituent l'essentiel de cette page épique : ...

- Ce récit épique est sans grandiloquence, bien qu'on y trouve une certaine emphase : ...
- On trouve cependant solennité, hauteur et noblesse pour rendre compte tant des bons que des méchants : ...

Le caractère épique tient également pour beaucoup :

- aux phrases courtes qui accélèrent le récit : ...
- aux contrastes : ...
- à l'opposition entre EUX et NOUS, dont le héros parle au JE et se met en lumière : ...
- à l'abondance de vers dichotomiques qui soulignent des contraires et des oppositions : ...
- à l'ellipse qui découle de ces vers dichotomiques : ...
- à l'alternance entre les moments de vie intérieure (les commentaires du narrateur) et d'action (le récit du narrateur héros) : ...

Les épopées de Rodrigue et de la Tortue !

- *Le Cid* est une tragi-comédie qui raconte l'histoire dramatique (tragi-) d'un amour romanesque qui finit bien (comédie) : ...
- À l'opposé, *La Tortue et les deux Canards* est : ...
- Rodrigue est un personnage romanesque dont le récit ici raconté est épique : ...
- À l'opposé, la Tortue est : ...
- Rodrigue suit son caractère : ...
- La Tortue va contre sa pente : ...
- Rodrigue est digne de l'épopée, c'est un héros épique réussi : ...
- La Tortue : ...
- Le burlesque n'est en quelque sorte que l'envers de l'épique : ...

Le Savetier et le Financier
(LIVRE VIII, FABLE 2)

PETIT LEXIQUE PRÉPARATOIRE
À LA COMPRÉHENSION DE LA FABLE

Nous vous suggérons de chercher dans le *Nouveau Petit Robert* les mots en caractères gras dont vous auriez intérêt à vous méfier. Cette recherche vous aidera à mieux comprendre la fable, en saisissant notamment certaines nuances de la langue française du XVIIᵉ siècle, en apparence proche de la nôtre, mais qui nous réserve parfois des surprises. À ce titre, remarquez bien l'étymologie des mots et notez le moment de leur apparition dans la langue.

ANALYSE DE LA FABLE

Puisqu'il s'agit ici d'analyser une troisième fable, vous ne trouverez que les questions. Vous devrez développer, nuancer et justifier vos réponses en vous appuyant systématiquement sur le texte.

PREMIÈRE APPROCHE : COMPRENDRE LE TEXTE

Les questions qui suivent visent à bien saisir le sens général du texte et plus particulièrement le sens de certains mots, tournures, courts passages ou constructions syntaxiques. Certaines questions pourraient être reprises plus loin, de manière à vous permettre d'atteindre une compréhension plus fine, plus nuancée, plus intégrée du texte.

1. *Pourquoi le Financier a-t-il tant de peine à dormir ? Justifiez votre réponse.*

2. *En quoi consistent les métiers de savetier et de financier ? Dégagez les caractéristiques du Savetier et du Financier, dans les vers 1 à 13.*

3. *Où l'action se situe-t-elle ? En ville ou à la campagne ? Justifiez votre réponse.*

4. *Que signifie le vers 31 : [...]* Je veux vous mettre aujourd'hui sur le trône *?*

5. *Outre le vers 31, comment La Fontaine exprime-t-il que le montant d'argent remis au Savetier par le Financier est considérable ?*

6. *À qui fait référence le* nos *du vers 40 ?*

DEUXIÈME APPROCHE : ANALYSER LE TEXTE

Ici les questions approfondissent celles de l'étape précédente et surtout abordent les aspects formels du texte. Elles permettent d'en révéler et d'en évaluer les sous-entendus, en montrant, par exemple, le rôle de la ponctuation ou du temps des verbes, en faisant voir la portée d'une figure de style, la force d'une argumentation, l'effet de la tonalité* dominante du texte, etc. C'est aussi l'occasion de faire des liens entre fond et forme, de saisir en somme ce qui fait le propre du texte littéraire.

7. *Pourquoi le Financier demande-t-il son salaire au Savetier aux vers 15 et 16 ?*

8. *Afin de mieux voir la dynamique de l'action, divisez le récit selon le schéma narratif suivant : état initial, événement déclencheur, action principale, réaction, dénouement.*

9. *Quel vers marque à la fois la séparation entre les deux parties de la fable et les opinions du Financier sur le Savetier ?*

10. *Le Savetier et le Financier parlent eux aussi de la religion. Quel rôle celle-ci joue-t-elle dans leur vie ?*

11. *Quelle est la morale de cette fable et où se trouve-t-elle ?*

12. *Que signifient les vers 37 et 38 ? Montrez qu'il y a ici un zeugme*.*

13. *Expliquez la métaphore* filée des vers 41 et 42.*

14. *Qualifiez le style (discursif*) des paroles rapportées de la première partie du vers 46.*

TROISIÈME APPROCHE : COMMENTER LE TEXTE

Les questions qui suivent visent à amener le lecteur à établir des relations entre divers éléments du texte et, par déduction, à proposer des interprétations. Dans un premier temps, elles présentent des réflexions sur l'ensemble du texte, autour d'une problématique esquissée aux approches précédentes. Dans un deuxième temps, elles visent à établir des liens entre le texte analysé et d'autres extraits de l'œuvre (Comparaison avec une autre fable), puis elles proposent une incursion dans d'autres textes du même auteur ou d'auteurs différents (Comparaison avec une autre œuvre). Cette capacité de tisser des liens émane d'une compréhension profonde du texte, servie par une sensibilité aiguë, et développe une quête permanente de cohérence de même qu'une recherche d'intégration culturelle, elle-même en constante évolution.

15. *Quel est le thème de cette fable ? Résumez l'histoire pour vérifier votre réponse.*

Comparaison avec une autre fable

16. *Comparez l'attitude du Financier avec celle de l'Avare à l'égard de l'argent (*L'Avare qui a perdu son Trésor, *IV, 20).*

Comparaison avec une autre œuvre

Le Savetier

Conte d'une chose arrivée
à Château-Thierry
(publié par La Fontaine en 1665).

Un savetier, que nous nommerons Blaise,
Prit belle femme ; et fut très avisé.
Les bonnes gens qui n'étaient à leur aise,
S'en vont prier un marchand peu rusé,
5   Qu'il leur prêtât dessous bonne promesse

Mi-muid¹ de grain; ce que le marchand fait.
Le terme échu, ce créancier les presse.
Dieu sait pourquoi: le galant, en effet,
Crut que par là baiserait la commère.
10 «Vous avez trop de quoi me satisfaire,
Ce lui dit-il, et sans débourser rien:
Accordez-moi ce que vous savez bien.
— Je songerai, répond-elle, à la chose.»
Puis vient trouver Blaise tout aussitôt,
15 L'avertissant de ce qu'on lui propose.
Blaise lui dit: «Par bieu², femme, il nous faut
Sans coup férir rattraper notre somme.
Tout de ce pas allez dire à cet homme
Qu'il peut venir, et que je n'y suis point.
20 Je veux ici me cacher tout à point.
Avant le coup demandez la cédule³.
De la donner je ne crois qu'il recule.
Puis tousserez afin de m'avertir;
Mais haut et clair, et plutôt deux fois qu'une.
25 Lors de mon coin vous me verrez sortir
Incontinent, de crainte de fortune⁴.»
Ainsi fut dit, ainsi s'exécuta.
Dont le mari puis après se vanta⁵;
Si que⁶ chacun glosait sur ce mystère.
30 «Mieux eût valu tousser après l'affaire,
Dit à la belle un des plus gros bourgeois.

---

1. *muid*: ancienne mesure de capacité.

2. *Par bieu*: archaïsme: par Dieu, parbleu; juron atténué marquant l'assentiment.

3. *cédule*: billet, promesse écrite de remboursement.

4. *fortune*: ce mot a un sens autant négatif que positif à l'époque de La Fontaine: la bonne et la mauvaise fortune.

5. *Dont le mari puis après se vanta*: ce *dont le mari* par la suite *se vanta*.

6. *Si que*: *si* bien *que*.

Vous eussiez eu votre compte tous trois.
N'y manquez plus, sauf après de se taire[1].
Mais qu'en est-il ? or ça, belle, entre nous[2]. »
35   Elle répond : « Ah Monsieur ! croyez-vous
Que nous ayons tant d'esprit que vos dames ?
(Notez qu'illec avec deux autres femmes,
Du gros bourgeois l'épouse était aussi[3]).
Je pense bien, continua la belle,
40   Qu'en pareil cas Madame en use ainsi ;
Mais quoi, chacun n'est pas si sage qu'elle. »

17. *Comparez Grégoire, le Savetier de la fable* Le Savetier et le Financier, *avec Blaise, le Savetier du conte de La Fontaine. Comparez
en même temps les thèmes des deux textes. Les tonalités sont-elles
les mêmes dans chacun ? Indiquez-les.*

---

1. *N'y manquez plus, sauf après de se taire* : ne ratez pas pareille occasion, mais n'oubliez pas
   par la suite *de* vous *taire*.
2. *Mais qu'en est-il ? or ça, belle, entre nous* : *qu'en* dites-vous, *belle, entre nous* ?
3. *(Notez qu'illec [...] était aussi)* : *notez* qu'il y avait là aussi *(illec), avec deux autres femmes*,
   l'épouse du gros bourgeois.

Annexe I

TABLEAU SYNOPTIQUE DE JEAN DE LA FONTAINE ET DE SON ÉPOQUE

	Vie de Jean de La Fontaine	*Vie littéraire française*	*Événements politiques*
1621	Naissance de Jean de La Fontaine à Château-Thierry		
1636		Corneille, *Le Cid*	
1637		Descartes, *Discours de la méthode*	
1643			Mort de Louis XIII Régence d'Anne d'Autriche, mère de Louis XIV (Mazarin est ministre)
1647	Mariage avec Marie Héricart		
1648			Début de la Fronde, révolte écrasée par Mazarin Louis XIV conservera une grande méfiance envers les aristocrates qu'il écartera des fonctions de l'État
1651		Scarron, *Le Roman comique*	
1652	La Fontaine achète la charge de maître des Eaux et Forêts		
1653	Naissance de Charles, fils de La Fontaine		

	Vie de Jean de La Fontaine	Vie littéraire française	Événements politiques
1656-1657		Pascal, *Les Provinciales*	
1658	La Fontaine est sous la protection de Nicolas Foucquet, surintendant des Finances ; c'est le début de sa carrière littéraire ; *Adonis* (poème)		
1659	*Le Songe de Vaux*, commande pour les fêtes de Vaux-le-Vicomte	Molière, *Les Précieuses ridicules*	
1661			Fin de la Régence et début du règne personnel de Louis XIV

Arrestation de Foucquet ; Colbert devient le nouveau surintendant des Finances |
1662	*Élégie aux Nymphes de Vaux* ; La Fontaine prend la défense de son protecteur (voir *Le Renard et l'Écureuil*)	Molière, *L'École des femmes*	Premiers grands travaux à Versailles
1664	La Fontaine se trouve une nouvelle protectrice, la duchesse douairière d'Orléans	Molière, *Tartuffe*	
1665	Début de la publication des *Contes et nouvelles en vers* (qui se poursuivra en 1666 et 1671)	Molière, *Dom Juan*	

	Vie de Jean de La Fontaine	Vie littéraire française	Événements politiques
1666		Molière, *Le Misanthrope* Boileau, premiers livres des *Satires*	
1667		Racine, *Andromaque*	
1668	Premier recueil des *Fables* (Livres I à VI)	Racine, *Les Plaideurs* Molière, *L'Avare*	
1669	*Les Amours de Psyché et de Cupidon*, roman en prose et en vers qui ne remporta pas de succès	Racine, *Britannicus*	
1670		Racine, *Bérénice* Corneille, *Tite et Bérénice* Début de la querelle des Anciens et des Modernes	
1671		Début de la correspondance de Mme de Sévigné	
1672		Molière, *Les Femmes savantes* Racine, *Bajazet*	La cour s'installe à Versailles Conflit militaire contre la Hollande qui prendra fin en 1678 (voir *La Ligue des Rats*)

	Vie de Jean de La Fontaine	Vie littéraire française	Événements politiques
1673	La Fontaine entre sous la protection de Mme de La Sablière qui tient un salon où se rencontrent les esprits libres	Molière, *Le Malade imaginaire* Racine, *Mithridate*	
1674	Publication des *Contes*; jugés licencieux, ils seront interdits et saisis par la police l'année suivante	Corneille, *Suréna* Racine, *Iphigénie* Boileau, *Art poétique*	
1677		Racine, *Phèdre*	
1678-1679	Deuxième recueil des *Fables* (Livres VII à XI)	Mme de La Fayette, *La Princesse de Clèves*	
1684	Louis XIV autorise La Fontaine à entrer à l'Académie française		
1685			La révocation de l'édit de Nantes entraîne l'exode des protestants de France
1687	*Épitre à Huet*; La Fontaine prend parti pour les Anciens	Perrault, *Le Siècle de Louis le Grand*; il prend parti pour les Modernes	
1688		La Bruyère, *Les Caractères*	Début du conflit armé qui oppose Louis XIV à la ligue d'Augsbourg (comprenant notamment l'Angleterre, l'Espagne, certaines principautés allemandes, la Suède et la Hollande)

	Vie de Jean de La Fontaine	Vie littéraire française	Événements politiques
1689	*Astrée* (opéra) ; c'est un échec	Racine, *Esther*	
1691		Racine, *Athalie*	
1693	La Fontaine se convertit et renie ses *Contes*		
1694	Troisième recueil des *Fables* (Livre XII)		
1695	Mort de La Fontaine		

Annexe II

GLOSSAIRE DES NOTIONS LITTÉRAIRES

Antiphrase
Procédé qui consiste à dire le contraire de ce que l'on pense. L'ironie naît souvent de son emploi.

Argumentatif
Se dit d'une tonalité convenant à l'exposé d'un point de vue personnel et qui évoque la discussion, le débat, l'exposé persuasif, dont le but est de convaincre de la vérité ou de la justesse du point de vue énoncé. Il se reconnaît par l'emploi du JE, qui souvent interpelle le lecteur ou l'auditeur afin d'attirer son attention, parfois par le recours au registre familier ou populaire, par celui aussi à un vocabulaire appréciatif ou dépréciatif.

Burlesque
Entre 1640 et 1660, genre littéraire en vers octosyllabiques qui présente des petites gens traitant de choses sérieuses en termes grossiers ou archaïques. Aujourd'hui, variété satirique de la tonalité comique fondée sur le déroutant, l'extravagant, et provoquant un effet d'absurdité et de ridicule. Elle présente des petites gens qui se prennent pour de grands héros ou inversement, et s'appuie sur le travestissement des costumes, des caractères, des descriptions et des mots. Elle exploite le vocabulaire trivial ou, à l'opposé, ampoulé, le contraste, l'amplification, l'accumulation et l'hyperbole.

Champ lexical
Liste des mots qui, dans un texte, appartiennent au même thème ou sous-thème. Les mots de cette liste ont en commun d'évoquer, chacun à leur manière, la même réalité.

Connotation
Sens subjectif d'un mot dans un contexte donné, non consigné au dictionnaire mais culturellement en usage. Un champ lexical peut révéler une connotation particulière dans un texte.

Discursif
Se dit d'une tonalité convenant à une réflexion, à une analyse, à un commentaire, à l'exposé d'une pensée abstraite. Le discursif se reconnaît notamment par l'emploi du IL derrière lequel l'énonciateur s'efface, du registre neutre afin de donner à son propos le caractère d'une vérité générale ; souvent s'y ajoutent aussi des transitions logiques.

—> *Ellipse*
Figure de grammaire et de style et procédé rhétorique, souvent narratifs, fondés sur l'omission, le raccourci, le sous-entendu (de mots, d'événements, de détails, etc.) et entraînant souvent un effet d'accélération du récit.

Énonciation
Acte de prise de parole dans une situation donnée.

Épopée
Récit merveilleux exaltant les prouesses extraordinaires d'un héros aux prises avec des forces naturelles ou surnaturelles. Personnages archétypaux, descriptions grandioses, grandiloquence et hyperboles caractérisent son style et la tonalité qui s'en dégage.

Figures d'association ou de substitution
Ensemble de figures qui associent ou substituent deux réalités, deux concepts, deux personnages, etc. On y trouve notamment la métonymie, la synecdoque, la périphrase, la prosopopée et l'hypallage.

Figures d'opposition et de contraste
Ensemble de figures qui indiquent que deux réalités, deux concepts ou deux personnages s'affrontent. On peut y reconnaître l'antithèse, le chiasme, l'oxymore et, d'une certaine manière, le paradoxe.

Hyperbole
Figure qui consiste à exagérer la réalité pour la mettre en relief.

Ironie
Procédé qui consiste à affirmer sérieusement ce qu'on sait ou croit faux, de façon à se moquer de ceux qui appuient cette erreur, ou

à s'indigner de cet appui. Se dit aussi d'une attitude moqueuse.
Synonymes: raillerie, dérision.

Métaphore

Lien figuré établi entre deux termes étrangers. C'est plus qu'une comparaison, puisque les deux réalités sont fusionnées, sans lien comparatif. Quand une métaphore se poursuit, on la dit *filée*.

Métonymie

Figure qui consiste à associer deux concepts en inversant leur rapport logique.

Métrique

Ensemble des règles relatives à la mesure et à la disposition des vers et des rimes.

Narrateur

Celui qui assume la narration du récit. Il ne faut pas confondre le narrateur et l'auteur.

Périphrase

Figure de substitution qui consiste à exprimer en plusieurs mots ce qu'on peut dire avec quelques mots, souvent un seul.

Style discursif

Façon de rapporter les paroles de quelqu'un. On en distingue trois: le style direct (reprise des paroles telles quelles), le style indirect (paroles rapportées: *il a dit que...*), le style indirect libre (paroles de quelqu'un rapportées sans introduction par des verbes comme *dire, répondre*, etc.). Le premier est vivant, le deuxième permet de jouer avec le rapport des paroles, le dernier accélère le récit.

Thème

Sujet qui se focalise autour d'un mot abstrait, lequel exprime le propos du texte. Il est rarement exposé clairement et de manière univoque. Le lecteur doit l'inférer et le formuler afin de saisir clairement l'orientation du texte.

Tonalité

Atmosphère générale créée par un ensemble de mots, de tournures, de procédés, etc. La tonalité tient de la connotation, mais s'applique à un réseau d'éléments linguistiques dépassant le simple lexique et suscitant un même effet. Les tonalités les plus courantes chez La Fontaine sont argumentatives, burlesques, comiques, discursives, dramatiques, épiques, ironiques, lyriques, pathétiques, réalistes. Sont parfois employés les mots *climat*, *registre* ou *style* pour désigner une tonalité. *Ton* s'applique à une réplique, une phrase, une expression, un mot.

Versification

Art de fabriquer des vers dont la métrique constitue une partie importante.

Zeugme

Figure qui rattache à un mot, souvent un verbe, deux compléments apparemment incompatibles, associant ainsi, par exemple, sens propre et sens figuré ou sens abstrait et sens concret. Le résultat donne parfois l'impression d'un jeu de mots.

Annexe III

LISTE ALPHABÉTIQUE DES FABLES

Médiagraphie commentée

ÉDITION DES *FABLES* DE LA FONTAINE

COLLINET, Jean-Pierre (édition présentée, établie et annotée par). *Jean de La Fontaine. Fables*, Paris, Gallimard, « Folio » n° 2246, 1991.

OUVRAGES SUR LA FONTAINE ET SON ŒUVRE

DANDREY, Patrick. *La Fontaine ou Les métamorphoses d'Orphée*, Paris, « Découvertes Gallimard », n° 240, 1995.

DUCHÊNE, Roger. *Jean de La Fontaine*, Paris, Fayard, 1990.

LEPLATRE, Olivier. *Fables de Jean de La Fontaine*, Paris, Gallimard, « Foliothèque » n° 76, 1998.

FILMOGRAPHIE

BELMONT, Véra (réalisatrice). *Marquise*, France, 1997.

CORBIAU, Gérard (réalisateur). *Le Roi danse*, France, 2000.

CORNEAU, Alain (réalisateur). *Tous les matins du monde*, France, 1990.

MNOUCHKINE, Ariane (réalisatrice). *Molière*, France, 1978.

INTERNET

Il existe de nombreux sites sur les auteurs français. Cependant, la prudence est de rigueur, car ils ne sont pas tous pertinents.

Plusieurs sites affichent les textes intégraux de La Fontaine. L'enthousiasme ne tenant pas toujours lieu de rigueur, ces textes comportent de nombreuses erreurs de ponctuation, d'orthographe, des omissions de mots et même de vers. Soyez vigilants. Nous vous suggérons les quatre sites suivants.

- www.lafontaine.net
- www.jdlf.com
- www.amiens.iufm.fr/mail_art/textes/default.htm
- www.la-fontaine-ch-thierry.net